Mit Goethe durch das Jahr

EIN KALENDER FÜR DAS JAHR 1993

ARTEMIS & WINKLER
ZÜRICH UND MÜNCHEN

Diese 45. Folge des Goethekalenders steht unter dem Thema
Lili. Goethes Freundin

Auswahl, Anmerkungen und Quellenverzeichnis
von Effi Biedrzynski

Satz: Filmsatz Schröter GmbH, München
Druck und Bindung: Friedrich Pustet, Regensburg
Printed in Germany
ISBN 3 7608 4793 5 kt.
ISBN 3 7608 4893 1 Ld.

JANUAR

Janus, Gott des Ein- und Ausgangs, 1794

1 Neujahr

Wie das Gestirn,
Ohne Hast,
Aber ohne Rast,
Drehe sich jeder
Um die eigne Last.

2 Samstag

Man bedenkt nicht, daß der Charakter sich nur durchaus aufs Praktische bezieht. Nur in dem, was der Mensch tut, zu tun fortfährt, worauf er beharrt, darin zeigt er Charakter.

3 Sonntag

Wie köstlich ist des gegenwärtigen Freundes
Gewisse Rede, deren Himmelskraft
Ein Einsamer entbehrt und still versinkt.

4 Montag

Willst fliegen und bist vorm Schwindel nicht sicher?

5 Dienstag

Unwissende werfen Fragen auf, welche von Wissenden vor tausend Jahren schon beantwortet sind.

6 Mittwoch · Drei Könige

Gegenwart des Herrn
Mehrt jedes Gute, steuert möglichen Verlust.

7 Donnerstag

Man liebt seine Freunde, man schätzt sie, man mag ihnen gern einmal einen derben Dienst, auch mit einiger Aufopferung, erzeigen, aber einem flüchtigen Geschmacke, einem launigen Einfalle, irgend einer Grille genug zu tun, sind wir, ich weiß nicht, zu bequem, zu nachlässig und bedenken nicht, daß eben diese wunderlich scheinenden Gelüste, befriedigt, den angenehmsten Genuß geben.

8 Freitag

Wen die Dankbarkeit geniert,
Der ist übel dran.

9 Samstag

Willkür bleibet ewig verhaßt den Göttern und Menschen, wenn sie in Taten sich zeigt ...

10 Sonntag

Sollt ich nicht ein Gleichnis brauchen
Wie es mir beliebt?
Da uns Gott des Lebens Gleichnis
In der Mücke gibt!

11 Montag

Alle Glieder bilden sich nach ewgen Gesetzen.

12 Dienstag

Wie in Stein ausgehauen und angestrichen kommt sie mir vor, die wirkliche Welt, gegen die Idee oder das Ideal, das sich Phantasie und Einbildungskraft von ihr macht. Es hat etwas schreckhaft Überraschendes, wenn man die Gegenstände so körperlich und massiv vor sich sieht, die in der Idee zwar Form und Gestalt, aber nichts Massives und Impenetrables zeigen.

13 Mittwoch

Im Reich der Natur waltet Bewegung und Tat, im Reiche der Freiheit Anlage und Willen. Bewegung ist ewig und tritt bei jeder günstigen Bedingung unwiderstehlich in die Erscheinung.

14 Donnerstag

Wie der Mensch das Pfuschen so liebt!

15 Freitag

Man erkennt niemand an als den, der uns nutzt.

16 Samstag

Die Fische schwimmen glatt im Teich und kümmern sich nicht um den Nachen.

17 Sonntag

Ha, ich bin der Herr der Welt! mich lieben
Die Edlen, die mir dienen.
Ha, ich bin der Herr der Welt! ich liebe
Die Edlen, denen ich gebiete.
O gib mir, Gott im Himmel! daß ich mich
Der Höh und Lieb nicht überhebe.

18 Montag

Wer für die Welt was tun will, muß sich nicht mit ihr einlassen.

19 Dienstag

Wie kommts, daß man an jedem Orte
So viel Gutes, so viel Dummes hört?
Die Jüngsten wiederholen der Ältesten Worte,
Und glauben, daß es ihnen angehört.

20 Mittwoch

Ein Fehler: daß man sich mehr dünkt, als man ist, und sich weniger schätzt, als man wert ist.

21 Donnerstag

»Wer will der Menge widerstehn?«
Ich widerstreb ihr nicht, ich laß sie gehn.

22 Freitag

Langeweile ist ein böses Kraut,
Aber auch eine Würze, die viel verdaut.

23 Samstag

Wird uns eine rechte Qual zuteil,
Dann wünschen wir uns Langeweil.

24 Sonntag

Liegt dir Gestern klar und offen,
Wirkst du Heute kräftig frei,
Kannst auch auf ein Morgen hoffen,
Das nicht minder glücklich sei.

25 Montag

Um den höchsten Begriff dessen, was die Menschen geleistet haben, in sich aufzunehmen, muß die Seele erst zur vollkommenen Freiheit gelangen.

26 Dienstag

Die Erde wird durch Liebe frei,
Durch Taten wird sie groß.

27 Mittwoch

Wir müssen nichts sein, sondern alles werden wollen, und besonders nicht öfter stille stehen und ruhen, als die Notdurft eines müden Geistes und Körpers erfordert.

28 Donnerstag

Ich fühle Mut, mich in die Welt zu wagen,
Der Erde Weh, der Erde Glück zu tragen,
Mit Stürmen mich herumzuschlagen
Und in des Schiffbruchs Knirschen nicht zu zagen.

29 Freitag

Es ist besser zu tun als zu reden.

30 Samstag

Fahre fort, zu sinnen, zu finden, zu vereinigen, zu dichten, zu schreiben ohne dich um andre zu bekümmern.

31 Sonntag

Der Mensch mag sich wenden, wohin er will, er mag unternehmen, was es auch sei, stets wird er auf jenen Weg wieder zurückkehren, den ihm die Natur einmal vorgezeichnet hat.

Aus «Doctoris Fausti Caballa»

I. DER SOMMER AM MAIN

Goethe an Carl August, *23. 12. 1775* – Noch ein Wort, eh ich schlafen gehe. Wie ich so in der Nacht von Jena gegen das Fichtengebürg ritt; kam das Gefühl der Vergangenheit, meines Schicksaals, und meiner Liebe über mich, und sang so bey mir selber:

Holde Lili, warst so lang
All meine Lust und all mein Sang.
Bist, ach, nun all mein Schmerz – und doch
All mein Sang bist du noch.

Hier im winterlichen Thüringen die Erinnerung an Lili! An die bezaubernd-verworrenen Tage des vergangenen Sommers, an die Wochen am Main, verbracht mit ihr, der Jungen, Schönen: die Erinnerung an eine Liebe, nur in den Zeugnissen des Dichters, in seinen Briefen, Gedichten und der Darstellung von Dichtung und Wahrheit auf uns gekommen; von Lili dagegen kein «Zettelgen», kein Brief, kein Wort, wie ihr, Gegenstand aller Anbetung, in diesen tumultuarischen Monaten zumute war. – Diese Liebe läßt in ihrem jugendlichen Ungestüm an des Dichters Neigung zu der lieblichen Friederike im elsässischen Sesenheim denken, eine Neigung, die er der nächtlich geworfenen Bombe vergleicht, die in sanfter glänzender Linie aufsteige, sich unter die Sterne mische, ja einen Augenblick unter ihnen zu verweilen scheine, alsdann aber abwärts, zwar wieder dieselbe Bahn, nur umgekehrt, bezeichne, und zuletzt da, wo sie ihren Lauf ende, Verderben hinbringe.

Lili · Miniatur · Deckfarben auf Elfenbein

Lili, eine Koseform für Anna Elisabeth, am 22.6.1758 in Frankfurt geboren. Neben fünf Söhnen die einzige Tochter des Bankiers Johann Wolfgang Schönemann, eines tüchtigen Geschäftsmanns, der, 1717 geboren und aus Groß-Gerau nach Frankfurt gekommen, während des Siebenjährigen Kriegs ein Vermögen durch geglückte Transaktionen im kaiserlichen Auftrag machte. Für Ernst Beutler ein Nouveau riche, im Gegensatz zu Lilis Mutter, einer geborenen d'Orville, Tochter eleganter Geschäftsleute, französischen Ursprungs, obwohl doch auch im Schönemannschen Familienkreis neben dem Weinhandel, der das Geld brachte, der Besitz von Münzkabinett, Bildersammlung und gewählter Bibliothek angezeigt wird. – Trotz seinem frühen Tod im August 1763 hinterließ Lilis Vater außer dem Grundbesitz 100000 Taler bar, eine Summe, die seiner Familie erlaubte, sich bequem in einem gepflegten Ambiente einzurichten.

Dichtung und Wahrheit, Schemata – Der *quasi* Fremde, angekündigt als Bär, Hurone, als Naturkind bey so vielen Talenten, erregt Neugierde. Man bemüht sich in verschiedenen Häusern, ihn zu sehn. Reformierter Handelszirkel, reichliche, breite, gesellige Existenz: Einladung zum Conzert.
Sechzehntes Buch – Wir treten in ein Zimmer gleicher Erde, in das geräumige Wohnzimmer. Die Gesellschaft war zahlreich, ein Flügel stand in der Mitte, an dem sich sogleich die einzige Tochter des Hauses niedersetzte und mit bedeutender Fertigkeit und Anmut spielte. Ich stand am unteren Ende des Flügels, um ihre Gestalt und Wesen nahe genug bemerken zu können.
Nach geendigter Sonate trat sie ans Ende des Pianos gegen mir über, wir begrüßten uns ohne weitere Rede, denn ein Quartett war schon angegangen. Am Schluß trat ich etwas näher und sagte, wie sehr es mich freue, daß die erste Bekanntschaft mich auch zugleich mit ihrem Talent bekannt gemacht habe. Sie wußte gar artig meine Worte zu erwidern, behielt ihre Stellung und ich die meinige. Ich konnte bemerken, daß sie mich aufmerksam betrachtete und daß ich ganz eigentlich zur Schau stand, welches ich mir gar wohl konnte gefallen lassen, da man mir auch etwas gar Anmutiges zu schauen gab. Indessen blickten wir uns an, und ich will nicht leugnen, daß ich eine Anziehungskraft von der sanftesten Art zu empfinden glaubte. Das Hin- und Herwogen der Gesellschaft verhinderte jedoch jede weitere Annäherung. Doch muß ich eine angenehme Empfindung gestehen, als

die Mutter beim Abschied zu erkennen gab, sie hofften mich bald wieder zu sehen …
Schemata – Wiederholter Besuch. Sittlich interessante Gespräche. In Gegenwart der Mutter. Auch wohl zu zweyen. Zutrauen. Vertrauen. Geschichte ihrer Jugend. Das Herz tut sich nicht teilweise auf. Lilis Gewohnheit anzuziehen und abzustoßen. Bekenntnis drgl. auch an mir geübt zu haben. Und zuletzt auch von mir angezogen zu seyn. Wechselseitiges Bedürfnis sich zu sehen. Notwendigkeit mich in ihren Cirkel einzufinden. Für mich eine große Qual. Beynahe unerträglicher Zustand.

Als Goethe Neujahr 1775 in Lilis Rokoko-Salon trat, war er, was die einen schaudernd, die andern hingerissen vermerkten: «ein Originalgenie»! Mit einem Ruck hatten ihn der «Götz», der «Werther» an die Spitze des Sturm-und-Drang gebracht, war er zum genialen Protagonisten dieser literarischen Bewegung aufgestiegen, die ungestüm aller Konvention den Kampf ansagte. – Umdrängt «von vielen edlen Menschen, die von allerley Enden des Vaterlands» zu ihm kamen, genoß er, selbst sprühend von Einfällen jeder Couleur, «das Glück, sich in andern wiederzufinden». Seine Tage glichen einem betäubenden Wirbel, einem, wie Emil Staiger formuliert, «in Freuden und Schmerzen grandios-naivem Ungefähr»: gesteigert noch durch die Begegnung mit Lili, der in gesellschaftlichen Normen Erzogenen, Geformten, die leichthin, wie im Tanzschritt, sich allen Anforderungen fügte: mit Sechzehn bereits gewandt und sicher, aber auch nobel und fest.

Haus «Zum Liebeneck» am Großen Kornmarkt 15
Aquarell von Carl Theodor Reiffenstein, 1850

1770, nach Abriß eines alten Renaissancebaus (seit 1698 in Schönemannschem Besitz), für 40000 Gulden von Lilis Mutter, Witwe des Bankiers Johann Wolfgang Schönemann, errichtet und überaus kostspielig ausgestattet. 1784, beim Bankrott der Schönemannschen Handlung, von Senator Bonn ersteigert, 1816 umgebaut, 1944 durch Bomben zerstört. – In dem Musikzimmer, rechts der Einfahrt, sahen sich Lili und Goethe ein erstes Mal. Hier, «das Ohr so nahe angedrückt, wie nur das auswärts gebogene Fenstergitter erlaubte», lauschte der Dichter verstohlen, ehe er Frankfurt und seine Liebe verließ, noch einmal Lilis Gesang.

NEUE LIEBE, NEUES LEBEN

Herz, mein Herz, was soll das geben,
Was bedränget dich so sehr?
Welch ein fremdes neues Leben –
Ich erkenne dich nicht mehr.
Weg ist alles, was du liebtest,
Weg, worum du dich betrübtest,
Weg dein Fleiß und deine Ruh –
Ach, wie kamst du nur dazu?

Fesselt dich die Jugendblüte,
Diese liebliche Gestalt,
Dieser Blick voll Treu und Güte
Mit unendlicher Gewalt?
Will ich rasch mich ihr entziehen,
Mich ermannen, ihr entfliehen,
Führet mich im Augenblick
– Ach – mein Weg zu ihr zurück.

Und an diesem Zauberfädchen,
Das sich nicht zerreißen läßt,
Hält das liebe lose Mädchen
Mich so wider Willen fest.
Muß in ihrem Zauberkreise
Leben nun auf ihre Weise;
Die Verändrung, ach, wie groß!
Liebe, Liebe, laß mich los!

Im Februar 1775 entstanden. Vers 14 lautete zunächst: «Sie mit festem Vorsatz fliehen», was Goethe strich und durch «Mich ermannen ...» abmilderte. – März 1775 in «Iris» veröffentlicht; 1789 in «Schriften» aufgenommen.

FEBRUAR

1 Montag

In der Persönlichkeit liegt doch eigentlich der wahre Grund menschlicher Verhältnisse.

2 Dienstag

Gern wär ich Überliefrung los
Und ganz original;
Doch ist das Unternehmen groß
Und führt in manche Qual.
Als Autochthone rechnet ich
Es mir zur höchsten Ehre,
Wenn ich nicht gar zu wunderlich
Selbst Überliefrung wäre.

3 Mittwoch

Wer das erste Knopfloch verfehlt, kommt mit dem Zuknöpfen nicht zu Rande.

4 Donnerstag

Gott hat den Menschen einfach gemacht, aber wie er gewickelt wird und sich verwickelt, ist schwer zu sagen.

5 Freitag

Es weiß sich kein Mensch weder in sich selbst noch in andere zu finden und muß sich eben sein Spinnengewebe selbst machen, daraus er wirkt.

6 Samstag

Der Mensch nimmt am Ende doch nur an, was ihm gemäß ist.

7 Sonntag

Denn das Leben ist die Liebe,
Und des Lebens Leben Geist.

8 Montag

Der menschliche Zustand ist so hoch in Leiden und Freuden gesetzt, daß gar nicht berechnet werden kann, was ein Paar Gatten einander schuldig werden.

9 Dienstag

Selbst der Geist erscheint sich nicht erfreulich,
Wenn er nicht, auf neue Form bedacht,
Jener toten Form ein Ende macht.

10 Mittwoch

Das ist doch nur der alte Dreck,
Werdet doch gescheiter!
Tretet nicht immer denselben Fleck,
So geht doch weiter!

11 Donnerstag

Herrschen lernt sich leicht, regieren schwer.

12 Freitag

Selten erscheint uns die Gegenwart als das, was sie ist, manchmal setzt sie der Parteigeist zu hoch, aber noch öfters viel zu tief herab, und in dem gesellschaftlichen Leben ist es herkömmlich, über alles gleichgültig zu erscheinen.

13 Samstag

Mancher klopft mit dem Hammer an der Wand herum und glaubt, er treffe jedesmal den Nagel auf den Kopf.

14 Sonntag
Entschiedenheit und Folge ist nach meiner Meinung das Verehrungswürdigste am Menschen.

15 Montag
Ich erfahre das Glück, daß mir in meinem hohen Alter Gedanken aufgehen, welche zu verfolgen und in Ausübung zu bringen eine Wiederholung des Lebens gar wohl wert wäre. Also wollen wir uns, solange es Tag ist, nicht mit Allotrien beschäftigen.

16 Dienstag
Wie das und jenes allmählich entstanden, weiß am Ende nur Gott allein.

17 Mittwoch
Tausend Fliegen hatte ich am Abend erschlagen;
Doch weckte mich Eine beim frühsten Tagen.

18 Donnerstag
Man vergißt über dem Guten, was man durch Verneinung hervorzubringen sucht, dasjenige, was man bejahend fördern könnte und sollte.

19 Freitag
Ich höre es gern, wenn auch die Jugend plappert;
Das Neue klingt, das Alte klappert.

20 Samstag
Wenn der Mensch daran denken soll, von Ereignissen, die ihn zunächst betreffen, künftigen Geschlechtern Nachricht zu hinterlassen, so gehört dazu ein gewisses Behagen an der Gegenwart.

21 Sonntag

Allein bei Freunden läßt man frei sich gehn,
Man ruht in ihrer Liebe, man erlaubt
Sich eine Laune, ungezähmter wirkt
Die Leidenschaft, und so verletzen wir
Am ersten die, die wir am zärtsten lieben.

22 Montag

Ich habe keinen Glauben an die Welt und habe verzweifeln gelernt.

23 Dienstag · Fastnacht

Einem bejahrten Manne verdachte man, daß er sich noch um junge Frauenzimmer bemühte. Dabei ist es das einzige Mittel, sich zu verjüngen, und das will doch jedermann.

24 Aschermittwoch

Man spricht vergebens viel, um zu versagen;
Der andre hört von allem nur das Nein.

25 Donnerstag

Ich kenne Musik mehr durch Nachdenken als durch Genuß und also nur im allgemeinen.

26 Freitag

Muß nicht in einer Zeitfolge sich jedes Verhältnis verändern und eben darum eine alte Verfassung die Ursache von tausend Übeln werden, weil sie den gegenwärtigen Zustand des Volkes nicht umfaßt?

27 Samstag

Gesellig nur läßt sich Gefahr erproben:
Wenn einer wirkt, die andern alle loben.

28 Sonntag

Was klagst du über Feinde?
Sollten solche je werden Freunde,
Denen das Wesen wie du bist,
Im stillen ein ewiger Vorwurf ist?

Schlittenfahrt · Kupfer von D. Chodowiecki

Goethe an Auguste Gräfin zu Stolberg *13.2.1775* – Wenn Sie sich, meine Liebe, einen Goethe vorstellen können, der im galonierten Rock, sonst von Kopf zu Fuße auch in leidlich konsistenter Galanterie, umleuchtet vom unbedeutenden Prachtglanze der Wandleuchter und Kronenleuchter, mitten unter allerley Leuten, von ein Paar schönen Augen am Spieltische gehalten wird, der in abwechselnder Zerstreuung aus der Gesellschaft, ins Concert, und von da auf den Ball getrieben wird, und mit allem Interesse des Leichtsinns, einer niedlichen Blondine den Hof macht; so haben Sie den gegenwärtigen Fassnachts Goethe, der Ihnen neulich einige dumpfe tiefe Gefühle vorstolperte, der nicht an Sie schreiben mag, der Sie auch manchmal vergißt, weil er sich in Ihrer Gegenwart ganz unausstehlich fühlt.

Aber nun gibts noch einen, den im grauen Biber-Frack mit dem braunseidnen Halstuch und Stiefeln, der in der streichenden Februarluft schon den Frühling ahndet, dem nun bald seine liebe weite Welt wieder geöffnet wird, der immer in sich lebend, strebend und arbeitend, bald die unschuldigen Gefühle der Jugend in kleinen Gedichten, das kräftige Gewürze des Lebens in mancherley Dramas, die Gestalten seiner Freunde und seiner Gegenden und seines geliebten Hausraths mit Kreide auf grauem Papier, nach seiner Maase auszudrücken sucht, weder rechts noch links fragt: was von dem gehalten werde, was er machte? weil er arbeitend immer gleich eine Stufe höher steigt, weil er nach keinem Ideal springen, sondern seine Gefühle sich zu Fähig-

Johann Wolfgang Goethe · Gips nach dem Porzellan-Relief von Johann Peter Melchior · 1775

keiten, kämpfend und spielend, entwickeln lassen will. Das ist der, dem Sie nicht aus dem Sinne kommen, der auf einmal am frühen Morgen einen Beruf fühlt, Ihnen zu schreiben...

Ob mir übrigens verraten worden: wer und wo Sie sind, tut nichts zur Sache. Wenn ich an Sie denke, fühl ich nichts als Gleichheit, Liebe, Nähe! Und so bleiben Sie mir, wie ich gewiss auch durch alles Schweben und Schwirren durch, unveränderlich bleibe.

Sommer · Kupfer von D. Chodowiecki

Werther-trunken wie ihre Brüder, die Grafen Christian und Friedrich Stolberg, hatte Auguste (zwanzig, noch unverheiratet und Conventualin des Adligen Damenstifts zu Uetersen) im Dezember 1774 dem «angebeteten» Werther-Dichter geschrieben. – Goethe antwortet. Wohl beeindruckt von der Offenheit, von dem Temperament, die Auguste ihre Zippel-Zappel-Herzigkeit nennt, erhebt er sie einen Sommer lang unter die Götter, stilisiert sie (trotz Lili), eine ihm notwendige träumerische Spiegelung, eine ihn in produktive Spannung versetzende Verdoppelung seiner Unruhen und Phantasien, zur Geliebten, fern, unerreichbar, gerade darum aber die rechte Adressatin seiner Adorationen: in Wahrheit Adressatin eines Monologs, der kaum des Gegenübers bedarf. – Die Briefe der Gräfin Auguste, in Sturm-und-Drang-Manier rasch auf «Goethes Gustgen» reduziert, sind verloren. Nur das Blättchen vom 9.12.1775, zufällig zwischen Christian Stolbergs Papiere geraten, erhielt sich, mit einem «Adieu mein guter Wolf – bleiben Sie mein Freund, u glauben Sie daß ich den lebhaftesten Antheil an allem nehme, was Ihnen Freude od: Schmerz macht – wollte Gott daß Sie einmal recht glüklich wären!» – Was sie außerdem schrieb (und das war sicher reichlich!) fiel wohl einem der Autodafés, wie sie der junge Goethe liebte, zum Opfer. Auguste dagegen hütete sorgsam das schmale Bündel mit den neunzehn Briefen, die Goethe ihr, die seit 1783 Frau, späterhin Witwe des Grafen Bernstorff war, mit großen Unterbrechungen durch achtundvierzig Jahre schrieb. – Ein letzter Gruß ist des Dichters Antwort vom 17. April 1823, eine zart-schonende Abwehr des herzlich-besorgten, doch unangemessenen Bekehrungsversuchs der «theuren

Freundin». Zuvor ein knappes Dutzend freundlicher «Zettelgen» aus Weimar; aus dem Lili-Jahr dann neun Briefe, von Januar bis November in Frankfurt, in Offenbach geschrieben. Die einen genialisch hingewühlt, die andern bewußt im Stella-, im Faust-, im Singspielton komponiert. «Fingerübungen», die Gustgen, zweyhundert Meil fern im Nord, herüberzogen in den fröhlich-jugendlichen Aufruhr an den Ufern des Mains; Fingerübungen, lebhafter, farbiger, direkter in Zugriff und Zeichnung als die späten Erinnerungen von «Dichtung und Wahrheit», Seufzer, Klagen, Geständnisse, die das Stiftsfräulein im Auf und Ab der Stimmungen zur Teilhaberin an Liebesglück und Liebesschmerz machen, doch auch intensiv und in immer neuem Anlauf ihre Aufmerksamkeit fordern für den Autor, für den Dichter, der gesteht, «O wenn ich ietz nicht dramas schriebe, ich gieng zu Grund.»

Bleibe, bleibe bei mir,
Holder Fremdling, süße Liebe,
Holde süße Liebe,
Und verlasse die Seele nicht!
Ach, wie anders, wie schön
Lebt der Himmel, lebt die Erde,
Ach, wie fühl ich, wie fühl ich
Dieses Leben zum erstenmal!

Um 1775

Goethe an Johanna Fahlmer, *5.3.75* – Danke herzlich liebe Tante, für alles. Lili ist gar lieb und hat Sie herzlich wert. – *6. März* Gestern bin ich mit den Runckels ums Tor gegangen, Lili ist uns mit ihrer Mutter in einer Kutsche begegnet, ich war sehr dumm und toll. – *März 1775* In mir ist viel wunderbares Neues, in drey Stunden hoff ich Lili zu sehn. Liebe Tante auf den Sonntag!!! – Nehmen Sie das Mädgen an Ihr Herz, es wird Ihnen beyden wohltun.
An Herder, *25.3.75* – Es sieht aus, als wenn die Zwirnsfädchen, an denen mein Schicksal hängt, u. die ich schon lange in rotierender Oscillation auf- und zutrille, sich endlich knüpfen wollten. Übrigens machen mich allerley Umstände ziemlich zahm, ohne mir doch den guten jungen Mut zu nehmen.
An Johanna Fahlmer, *April 75* – Ja, Tante, Lili war schön wie ein Engel, und ich hatte sie in 4 Tagen nicht gesehen. Und lieber Gott, wie viel ist sie noch besser als schön. – *Ostermesse 75* Liebste Tante, ich komme von Offenbach! – kann Ihnen weder Blick noch Zug geben von der Wirtschaft. Mein Herz immer wie ein Strumpf, das Äussere zu innerst, das Innere zu äusserst gekehrt. Bitte! Bitte! – Sehen Sie sich in der Messe um, nach was – für Lili!!!! Galanterie Bijouterie, das Neuste, Eleganteste! – Sie fühlens allein, und meine Liebe dazu! Aber heilig unter uns, der Mama nichts davon.
Dichtung und Wahrheit, Schemata – Unbezwingliches Verlangen, sich einander zu nähern. Geschichte von Spazierfahrten. Der retardierende Bruder. Antreffen und verfehlen. Ungeduld und Entbehrung. Mehr und

mehr offenbares Verhältnis. Geheime Beredung. Gefühl unmöglicher Trennung. Wechselseitiges unbedingtes Behagen. Das gleiche Vertrauen. Man fühlt, wie ernst es sey. Daß es ernst bleiben müsse.

Dichtung und Wahrheit, IV, 17 – In diesem wunderlichen Zustande kam uns eine Hausfreundin zu Hülfe. Man nannte sie Demoiselle Delph, sie stand einem kleinen Handelshaus in Heidelberg vor und war der größeren Schönemannschen Wechselhandlung vielerlei Dank schuldig geworden. Sie kannte und liebte Lili von Jugend auf; es war eine eigne Person, ernsten männlichen Ansehns und gleichen derben hastigen Schrittes vor sich hin. Sie hatte sich in die Welt besonders zu fügen Ursache und kannte sie daher. Man konnte sie nicht intrigant nennen, sie konnte lange zusehen und ihre Absichten stille mit sich forttragen; dann aber hatte sie die Gabe, die Gelegenheit zu ersehen, und wenn sie die Gesinnungen der Personen zwischen Zweifel und Entschluß schwanken sah, wenn alles auf Entschiedenheit ankam, so wußte sie eine solche Kraft der Charaktertüchtigkeit einzusetzen, daß es ihr nicht leicht mißlang, ihr Vorhaben auszuführen. Eigentlich hatte sie keine egoistischen Zwecke; etwas getan, etwas vollbracht, besonders eine Heirat gestiftet zu haben, war ihr schon Belohnung. Unsern Zustand hatte sie längst durchblickt, bei wiederholtem Hiersein durchforscht, so daß sie sich endlich überzeugte, diese Neigung sei zu begünstigen, diese Vorsätze, redlich aber nicht genugsam verfolgt und angegriffen, müßten unterstützt und dieser kleine Roman fördersamst abgeschlossen werden.

1 Montag

Der geringste Mensch kann komplett sein, wenn er sich innerhalb der Grenzen seiner Fähigkeiten und Fertigkeiten bewegt.

2 Dienstag

Was ist doch ein Lebendiges für ein köstliches herrliches Ding! Wie abgemessen zu seinem Zustande, wie wahr, wie seiend!

3 Mittwoch

Gar freundliche Gesellschaft leistet uns
Ein ferner Freund, wenn wir ihn glücklich wissen.

4 Donnerstag

So still bin ich lange nicht gewesen, und wenn das Auge licht ist, wird der ganze Körper licht sein.

5 Freitag

Ein jeder kehre vor seiner Tür,
Und rein ist jedes Stadtquartier.
Ein jeder übe seine Lektion,
So wird es gut im Rate stohn!

6 Samstag

Der Mensch ist ein einfaches Wesen. Und wie reich, mannigfaltig und unergründlich er auch sein mag, so ist doch der Kreis seiner Zustände bald durchlaufen.

7 Sonntag

Vor einem Talente hüten, das man in Vollkommenheit auszuüben nicht Hoffnung hat!

8 Montag

Geh in dich selbst! Entbehrst du drin
Unendlichkeit in Geist und Sinn,
So ist dir nicht zu helfen.

9 Dienstag

Weil das Wesen des Schönen in seiner Vollendung in sich selbst besteht, so schadet ihm der letzte fehlende Punkt so viel als tausend, denn er verrückt alle übrigen Punkte.

10 Mittwoch

Nun sieht man aber meist die Menschen entschiedene Werke der Kunst geradezu behandeln, als wenn es ein weicher Ton wäre.

11 Donnerstag

Wie etwas sei leicht, weiß der es erfunden.

12 Freitag

Was die Kultur der Natur abgerungen hat, darf man nicht wieder fahren lassen.

13 Samstag

Die Welt durchaus ist lieblich anzuschaun,
Vorzüglich aber schön die Welt der Dichter;
Auf bunten, hellen oder silbergrauen
Gefilden, Tag und Nacht, erglänzen Lichter.
Heut ist mir alles herrlich; wenn's nur bliebe!
Ich sehe heut durchs Augenglas der Liebe.

14 Sonntag

Von sich selber weiß der Mensch nur, wenn er genießt oder leidet, und so wird er auch bloß durch Leiden und Freuden über sich belehrt.

15 Montag

Wer nicht von dreitausend Jahren
Sich weiß Rechenschaft zu geben,
Bleib im Dunkeln unerfahren,
Mag von Tag zu Tage leben.

16 Dienstag

Der Verständige regiert nicht, aber der Verstand; nicht der Vernünftige, sondern die Vernunft.

17 Mittwoch

Und keine Macht und keine Zeit zerstückelt
Geprägte Form, die lebend sich entwickelt.

18 Donnerstag

Wie viel wäre zu tun, und wie wenig tun wir!

19 Freitag

Der kann sich manchen Wunsch gewähren,
Der kalt sich selbst und seinem Willen lebt;
Allein, wer andre wohl zu leiten strebt,
Muß fähig sein, viel zu entbehren.

20 Samstag

Es ist ein einförmiges Ding um das Menschengeschlecht. Die meisten verarbeiten den größten Teil der Zeit, um zu leben, und das bißchen, das ihnen von Freiheit übrig bleibt, ängstigt sie so, daß sie alle Mittel aufsuchen, um es los zu werden.

21 Sonntag · Frühlingsanfang

Die Ruhe der Seele ist ein herrliches Ding. Wenn nur das Kleinod nicht eben so zerbrechlich wäre, als es schön und kostbar ist.

22 Montag · Goethes Todestag (1832)

Warum uns Gott so wohl gefällt?
Weil er sich uns nie in den Weg stellt.

23 Dienstag

Freiheit ist nichts als die Möglichkeit, unter allen Bedingungen das Vernünftige zu tun.

24 Mittwoch

Die besten Freuden der Welt sind nicht ganz rein, die höchste Wonne wird auch durch unsere Leidenschaften, durch das Schicksal unterbrochen.

25 Donnerstag

Wie sind die Vielen doch beflissen?
Und es verwirrt sie nur der Fleiß.
Sie möchten's gerne anders wissen
Als einer, der das Rechte weiß.

26 Freitag

Kein organisches Wesen ist ganz der Idee, die zugrunde liegt, entsprechend; hinter jedem steckt die höhere Idee. Das ist mein Gott, das ist der Gott, den wir alle ewig suchen und zu erschauen hoffen, aber wir können ihn nur ahnen, nicht schauen!

27 Samstag

Die Welt ist voll Schalkheit.

28 Sonntag

Märkte reizen dich zum Kauf;
Doch das Wissen blähet auf.
Wer im stillen um sich schaut
Lernet wie die Lieb erbaut.

29 Montag

Kinder leben in Schnellurteilen, um nicht zu sagen in Vorurteilen; denn bis das schnell, aber einseitig Gefaßte sich auslöscht, um einem Allgemeinern Platz zu machen, erfordert es Zeit.

30 Dienstag

Man denkt an das, was man verließ;
Was man gewohnt war, bleibt ein Paradies.

31 Mittwoch

Denn wir erfahren fast täglich, daß der eine mit Bequemlichkeit denken mag, was dem andern zu denken unmöglich ist, und zwar nicht etwa in Dingen, die auf Wohl und Wehe nur irgend einen Einfluß hätten, sondern in Dingen, die für uns völlig gleichgültig sind.

Seit vielen Jahren hatte Demoiselle Delph das Vertrauen von Lilis Mutter; in meinem Hause durch mich eingeführt, hatte sie sich den Eltern angenehm zu machen gewußt. – Sie kannte sehr wohl unsre Wünsche, unsre Hoffnungen, ihre Lust zu wirken sah darin einen Auftrag; kurz, sie unterhandelte mit den Eltern. Wie sie es begonnen, wie sie die Schwierigkeiten, die sich ihr entgegen stellen mochten, beseitigt – genug, sie tritt eines Abends zu uns und bringt die Einwilligung. «Gebt euch die Hände!» rief sie, mit ihrem pathetisch gebieterischen Wesen. Ich stand gegen Lili über und reichte meine Hand dar, sie legte die ihre, zwar nicht zaudernd, aber doch langsam, hinein, nach einem tiefen Atemholen fielen wir einander lebhaft in die Arme.
Es war ein seltsamer Beschluß des hohen über uns Waltenden, daß ich in dem Verlaufe meines wundersamen Lebensganges doch auch erfahren sollte, wie es einem Bräutigam zu Mute sei.
Ich darf wohl sagen, daß es für einen gesitteten Mann die angenehmste aller Erinnerungen sei; es ist erfreulich, sich jene Gefühle zu wiederholen, die sich schwer aussprechen und kaum erklären lassen. Der vorhergehende Zustand ist durchaus verändert, der hartnäckigste Zwiespalt geschlichtet; die vordringliche Natur, die ewig warnende Vernunft, die tyrannisierenden Triebe, das verständige Gesetz, welche sonst in immerwährendem Zwist uns bestritten, alle diese treten nunmehr in freundlicher Einigkeit heran, und bei allgemein gefeiertem frommem Feste wird das Verbotene gefordert und das Verpönte zur unerläßlichen Pflicht erhoben.
Mit sittlichem Beifall aber wird man vernehmen, daß

Fächer aus Altfrankfurter Familienbesitz, 1775

sie, die mir bisher schön, anmutig, anziehend vorgekommen, nun würdig und bedeutend erschien. Sie war eine doppelte Person, ihre Anmut und Liebenswürdigkeit gehörten mein, das fühlt' ich wie sonst, aber der Wert ihres Charakters, die Sicherheit in sich selbst, ihre Zuverlässigkeit in allem, das blieb ihr eigen; ich schaute es und freute mich dessen als eines Kapitals, von dem ich zeitlebens die Zinsen mitzugenießen hätte.

ALLOTRIA

G. M. Kraus, *5.3.1775* – Goethe ist jetzo lustig und munter in Gesellschaften, geht auf Bälle und tanzt wie rasend! Macht den Galanten beim schönen Geschlecht; das war er sonsten nicht. Doch hat er noch immer seine alte Laune. Im eifrigsten Gespräche kann ihm einfallen, aufzustehen, fortzulaufen und nicht wieder zu erscheinen. Er ist ganz sein, richtet sich nach keiner Menschen Gebräuche, wenn und wo alle Menschen in feierlichsten Kleidungen sich sehen lassen, sieht man ihn im größten Negligé, und ebenso im Gegenteil.

Dichtung und Wahrheit, Schemata – Befreyung aus allem Zwang durch Landleben. Aufenthalt in Offenbach. Anständige pallastähnliche Gebäude. Gegründet auf bedeutendes Fabrikwesen. Freye Gartenumgebungen. Lili Gast auf Onkel Bernards prächtigem Landsitz. D'Orville nächster Nachbar. – Goethe wohnte bei André, dem «allzeit fertigem Dichter und Komponisten». Lilis Flügelspiel.

J.W. Apel, Erinnerungen – André, unerschöpflich in Gesängen und Schwänken am Klavier, ließ sich oft, bis der Nachtwächter die zwölfte Stunde abrief, von den Liebesleutchen ans Klavier fesseln, wodurch sie sich eines längeren Beisammenseins erfreuen konnten. – Und Goethe leistete sich den Schabernack, in dämmernder Mondnacht, in weiße Laken gehüllt, auf hohen Stelzen durchs Städtchen spazierend, den Leuten, denen er, ein langes Gespenst, in die Fenster sah, einen panischen Schrecken einzujagen...

Schemata – Besuch aus der Stadt. Teilnehmend und sich wundernd. Und Lili erlaubt sich, mich öffentlich zu beherrschen. Hier triumphieren Überwinder und Überwundene.

Auf einmal! ach es dringt
Ein seliges Gefühl durch alle meine Glieder:

Sie ist's, die dort in ihrer Laube singt!
Ich höre die liebe, liebe Stimme wieder,
Die ganze Luft ist warm, ist blütevoll.
Ach, singt sie wohl,
daß ich sie hören soll?
Ich dringe zu, tret' alle Sträucher nieder,
Die Büsche fliehn, die Bäume weichen mir,
Und so – zu ihren Füßen liegt das Tier

Sie sieht es an: «Ein Ungeheuer! doch drollig!
Für einen Bären zu mild,
für einen Pudel zu wild;
So zottig, täpsig, knollig!»
Sie streicht ihm mit dem Füßchen übern Rücken;
Er denkt im Paradies zu sein.
Wie ihn alle sieben Sinne jücken!
Und sie – sieht ganz gelassen drein.
Ich küss' ihre Schuhe, kau' an den Sohlen,
So sittig als ein Bäre nur mag;
Ganz sachte heb' ich mich
Und schwinge mich verstohlen
Leis an ihr Knie – am günst'gen Tag
Läßt sie's geschehn und kraut mir um die Ohren.
Und patscht mich mit mutwillig derbem Schlag;
Ich knurr', in Wonne neu geboren.
Dann fordert sie mit süßem, eitlem Spotte:
«Allons tout doux! eh la menotte!
Et faites Serviteur, comme un joli Seigneur.»
So treibt sie's fort mit Spiel und Lachen!
Es hofft der oft betrogne Tor;
Doch will er sich ein bißchen unnütz machen,
Hält sie ihn kurz als wie zuvor.

Aus «Lilis Park», 1775

Offenbach · Gouache von unbekannter Hand, um 1810

Trat man am Morgen aus dem Hause, so fand man sich in der freiesten Luft: Ansehnliche Gebäude, Gärten, freie Übersicht über den Fluß, oft schon früh eine tätige Schiffahrt, eine sanft hingleitende lebendige Welt. Selbst das einsame Vorüberwogen und Schilfgeflüster eines leise bewegten Stromes verfehlte nicht, einen entschieden-beruhigenden Zauber zu verbreiten. – Ein heiterer Himmel überwölbte das Ganze; wie angenehm mußte sich eine traute Gesellschaft, von solchen Szenen umgeben, morgendlich wiederfinden.

Dichtung und Wahrheit, Schemata – Herrliches Lokal. Erwünschte schöne Jahreszeit. Lustpartien aller Art. Oft durch Absondern und Wiederfinden verherrlicht. Geburtstagsfest. Sorgfältig und mit Abwechselung gefeyert. Poetische und musikalische Blüten regnen herab. Es war kein Gipfel des Glücks, kein Abgrund des Wehes, dem nicht ein Laut gewidmet gewesen wäre.
Gar manches Heitere, dem Augenblick Gewidmete ist verloren gegangen. Von geselligen Festliedern bis zur kleinsten Geschenkbegleitung, alles war lebendig. Und das im Sinn der Gesellschaft, nicht etwa unpoetisch und exstatisch, sondern dem Zustand wirklich angepaßt. Das Lied: «Ihr verblühet süße Rosen», das Lili manche Träne entlockte, gehört hierher, wie überhaupt «Erwin und Elmire» in der ersten Ausgabe. Auf das Sauer-Süße von Stella hatte dieser Zustand nicht wenig Einfluß. Claudine von Villa Bella war früher fertig geworden. André componiert «Erwin und Elmire». Die herrliche Romanze von Goldsmith hat uns gerührt, aber sanft, weil sie befriedigend endete.
Eine gewisse Exaltation waltet in der Gesellschaft. Ursprünglich aus unserm offenbaren Geheimnis sich mitteilend. Andere mehr oder weniger versteckte Verhältnisse schlangen ohne Scheu sich ein. Fortgesetzte Unterhaltung des Tages. Durch Vorlesen und Musik verlängerte Nachtgesellschaft. Abwechselnd zwischen Stadt und Land, den Genuß erhöhend. Eine durchaus glänzende Zeit!

VERZAUBERUNG

Dichtung und Wahrheit – Konnt' ich denn auch wegen vermannigfaltigter Geschäfte die Tage draußen in Offenbach bei Lili nicht zubringen, so gaben die heiteren Nächte Gelegenheit zu verlängertem Zusammensein im Freien. Liebende Seelen werden nachstehendes Ereignis mit Wohlgefallen aufnehmen.
Es war ein Zustand, von welchem geschrieben steht: «Ich schlafe, aber mein Herz wacht»; die hellen wie die dunklen Stunden waren einander gleich, das Licht des Tages konnte das Licht der Liebe nicht überscheinen, und die Nacht wurde durch den Glanz der Neigung zum hellsten Tage.
Wir waren beim klarsten Sternhimmel bis spät in der freien Gegend umher spaziert, und nachdem ich Lili und die Gesellschaft von Türe zu Türe nach Hause begleitet und von ihr zuletzt Abschied genommen hatte, fühlte ich mir so wenig Schlaf, daß ich eine frische Spazierwanderung anzutreten keinen Augenblick säumte.
Ich ging die Landstraße nach Frankfurt zu, mich meinen Gedanken und Hoffnungen zu überlassen; ich setzte mich auf eine Bank, in der reinsten Nachtstille, unter den blendenden Sternhimmel, mir selbst und ihr anzugehören.
Bemerkenswert schien mir ein schwer zu erklärender Ton, ganz nahe bei mir; es war kein Rascheln, kein Rauschen und bei näherer Aufmerksamkeit entdeckte ich, daß es unter der Erde und das Arbeiten von kleinem Getier sei. Es mochten Igel oder Wieseln sein, oder was in solcher Stunde dergleichen Geschäft vornimmt.

APRIL

Stammbuchblatt mit Ornament von
Alwina Frommann, 1800

1 Donnerstag

Gutes tu rein aus des Guten Liebe,
Was du tust, verbleibt dir nicht;
Und wenn es auch dir verbliebe,
Bleibt es deinen Kindern nicht.

2 Freitag

Es ist nichts in der Haut, was nicht im Knochen ist.

3 Samstag

Sich selbst zu loben, ist ein Fehler.

4 Palmsonntag

Willst du dich deines Wertes freuen,
So mußt der Welt du Wert verleihen.

5 Montag

Manchmal hat es etwas Reizendes, sich mit einem Freunde streiten. Man fühlt auf eine angenehme Weise, daß man zu zweien ist und doch nicht auseinander kann.

6 Dienstag · Passah Anfang

Man kann nicht stets das Fremde meiden,
Das Gute liegt uns oft so fern.

7 Mittwoch

Man verschrumpft in dem engen Hauswesen. Bei weiter Aussicht fühlt man sich groß und frei, wie die große Natur, die man vor Augen hat, und wie man eigentlich immer sein sollte.

8 Gründonnerstag

Wer Freude will, besänftige sein Blut.

9 Karfreitag

Christus ein Gott vom Himmel kam,
Ein Mensch auf Erden wundersam;
Als Gott und Mensch, als Mensch und Gott,
Anbetung ward ihm, Schand und Spott.

10 Samstag

Wir sehen in unser Leben nur als in ein Zerstückeltes zurück, weil das Versäumte, Mißlungene uns immer zuerst entgegentritt und das Geleistete, Erreichte in der Einbildungskraft überwiegt.

11 Ostersonntag

Mit vollen Atemzügen
Saug ich Natur aus dir
Ein schmerzliches Vergnügen.
Wie lebt, wie bebt
Das Herz in mir . . .
Du lachst mir liebes Tal
Und du, o reine Himmels Sonne,
Erfüllst mich wiederum einmal
Mit aller süßen Frühlingswonne.

12 Ostermontag

Des Freundlichen ist viel auf Erden.

13 Dienstag · Passah Ende

Im Frieden tut sich der Freiheitssinn der Menschen immer mehr hervor, und je freier man ist, desto freier will man sein.

14 Mittwoch

So hat man immer Trieb und Lust, vor fremden Türen zu kehren.

15 Donnerstag

Wer nicht die Welt in seinen Freunden sieht,
Verdient nicht, daß die Welt von ihm erfahre.

16 Freitag

Der Umgang mit Frauen ist das Element guter Sitten.

17 Samstag

«Wie konnte der denn das erlangen?»
Er ist auf Fingerchen gegangen.

18 Sonntag

Das ist die größte Gabe, für die ich den Göttern danke, daß ich durch die Schnelligkeit und Mannigfaltigkeit der Gedanken einen heitern Tag in Millionen Teile spalten und eine kleine Ewigkeit daraus bilden kann.

19 Montag

Es ist besser das geringste Ding von der Welt zu tun, als eine halbe Stunde für gering halten.

20 Dienstag

Handle besonnen, ist die praktische Seite von: Erkenne dich selbst.

21 Mittwoch

Es gibt überall in der Welt Männer, denen es um das Gegründete und von da aus um den wahren Fortschritt der Menschheit zu tun ist.

22 Donnerstag

Die Gegenwart ists allein, die wirkt, tröstet und erbaut!

23 Freitag

Heilig sei dir der Tag; doch schätze das Leben nicht höher als ein anderes Gut, und alle Güter sind trüglich.

24 Samstag

Es ist schwer, gegen den Augenblick gerecht zu sein: der gleichgültige macht uns Langeweile, am guten hat man zu tragen und am bösen zu schleppen.

25 Sonntag

Wenn du auf dem Guten ruhst,
Nimmer werd ichs tadeln,
Wenn du gar das Gute tust,
Sieh, das soll dich adeln!

26 Montag

Das artige Wesen, das, entzückt,
Sich selbst und andre gern beglückt,
Das möcht ich Seele nennen.

27 Dienstag

Es darf sich einer wenig bücken,
So hockt mit einem leichten Sprung
Der Teufel gleich dem Teufel auf dem Rücken.

28 Mittwoch

In der Naturkunde und Philosophie bin ich ein Atheist, in der Kunst ein Heide und dem Gefühl nach ein Christ.

29 Donnerstag

Das Wahre ist gottähnlich, es erscheint nicht unmittelbar, wir müssen es aus seinen Manifestationen erraten.

30 Freitag

Wie glücklich war ich, daß tausend kleine Vorgänge zusammen mir bewiesen, daß ich nicht ohne Gott auf der Welt sei. Er war mir nahe. Das ists, was ich unter Vermeidung aller theologischen Systemsprache sagen kann.

Elmire · Titelkupfer zu «Erwin und Elmire»
Zeichnung in Bleistift und Tusche von
Daniel N. Chodowiecki, 1776

Ich war darauf weiter nach der Stadt zu gegangen und an den Röderberg gelangt, wo ich die Stufen, welche nach den Weingärten hinaufführen, an ihrem kalkweißen Scheine erkennen konnte. Ich stieg hinauf, setzte mich nieder und schlief ein.

Als ich wieder aufwachte, hatte die Dämmerung sich schon verbreitet, ich sah mich gegen dem hohen Wall über, welcher in früheren Zeiten als Schutzwehr wider die hüben stehenden Berge aufgerichtet war. Sachsenhausen lag vor mir, leichte Nebel deuteten den Weg des Flusses an; es war frisch, mir willkommen.
Da verharrt' ich, bis die Sonne nach und nach hinter mir aufgehend das Gegenüber erleuchtete. Es war die Gegend, wo ich die Geliebte wieder sehen sollte, und ich kehrte langsam in das Paradies zurück, das sie, die noch Schlafende, umgab.

Mit vollen Athemzügen
Saug ich Natur aus dir
Ein schmerzliches Vergnügen.
Wie lebt
Wie bebt
Wie strebt
Das Herz in mir!

Freundlich begleiten
Mich Lüftlein gelinde,
Entflohene Freuden
Ach! säuseln im Winde,
Fassen die bebende
Strebende
Brust
Himmlische Zeiten!
Ach! wie so geschwinde
Dämmert und blicket
Und schwindet die Lust!

Aus: «Erwin und Elmire»

AUS PHILIPP SEIDELS AUSGABEBÜCHLEIN

Mai, 1775	–	zwei goldene Herzchen
Mai, 1775	–	Blumen, Konfekt u. eine Schachtel
3.8.1775	–	Affentor, Einlaß, Trinkgeld
26.8.1775	–	Affentor, Einlaß, Trinkgeld und Zehrkosten
23.7.1775	–	6 Stück zinnene Rüstwagen, 4 Stück Canonen, 2 Schachteln = 2 Gulden, 52 Kreuzer
26.7.1775	–	Blumen
31.7.1775	–	Briefporto nach Offenbach
Sept. 1775	–	Maskenkostüm, altdeutsche Tracht Pumphose, Wämslein, Mantel und Federstuz
19.9.1775	–	weiße venezianische Maske, Leihgebühr 24 Kreuzer

Philipp Seidel, ein flinker, hellwacher Bursche, gelegentlich mit Schreibarbeiten für Rath Goethe beschäftigt, wenig später in Weimar Goethes getreuester Haushofmeister und Sekretär, besaß schon jetzt, wie dieses Ausgabebüchlein zeigt, des Dichters volles Vertrauen. – Wie in Weimar besorgte er die kleinen Geschenke und «schrieb an»: die goldenen Herzen den Liebenden, Blumen, Konfekt der Braut; Zinnsoldaten, ein Mitbringsel für die Kinder der d'Orvilles; das altdeutsche Kostüm, die Maske, die Handschuhe, Wünsche des jungen Herrn, doch auch die Porti, Gebühren und Trinkgelder, die bei allzu später Heimkehr aus munterer Offenbacher Geselligkeit am «Affentor» (so nach der Ave-Maria-Kapelle genannt, die einst hier stand) zu entrichten waren.

Dichtung und Wahrheit – Mein Verhältnis zu Lili war von Person zu Person. Es war das zu einer schönen, liebenswürdigen, gebildeten Tochter und glich meinen früheren Verhältnissen, war aber noch höherer Art. An die Äußerlichkeiten jedoch, an das Mischen und Wiedermischen eines geselligen Zustands hatte ich nicht gedacht...
Die ganz eigentlich durch Demoiselle Delph eroberte Zustimmung der beiderseitigen Eltern ward nun als obwaltend anerkannt, stillschweigend und ohne weitere Förmlichkeit. Doch sobald etwas Ideelles, wie man ein solches Verlöbnis wirklich nennen kann, in die Wirklichkeit eintritt, so entwickelt sich, obwohl man völlig abgeschlossen zu haben glaubt, unweigerlich eine Krise. Die Außenwelt ist durchaus unbarmherzig, und sie hat recht, denn sie muß sich ein für allemal behaupten. Die Zuversicht der Leidenschaft ist groß, aber wir sehen sie doch gar oft an dem ihr entgegenstehenden Wirklichen scheitern.
Auch wir waren einem Trugschluß, den unsere Leidenschaft bequem fand, erlegen. Nun trat er in seiner völligen Inkongruenz nach und nach hervor. Mit einiger Nüchternheit mußte jetzt mein Haus, meine häusliche Lage betrachtet werden. Das Bewußtsein, das Ganze sei auf eine Schwiegertochter eingerichtet, lag freilich zu Grunde; aber auf ein Frauenzimmer welcher Art war dabei gerechnet?
Es war Susanne Magdalena Münch, eine Freundin aus dem Kreis meiner Schwester Cornelia. Sie war «die Mäßige, Liebe, Verständige, Schöne, Tüchtige, die sich immer Gleiche, Neigungsvolle und Leiden-

schaftslose», die den Eltern als der passende Schlußstein zu einem schon aufgemauerten, zugerundeten Gewölbe galt. Dagegen konnte man bei ruhiger, unbefangener Betrachtung nicht leugnen, daß um Lili, die neu Geworbene (für den Vater eine «Staatsdame», die ihn nicht anmutete), in solche Funktion gleichfalls einzusetzen, man ein neues Gewölbe hätte zurichten müssen.

Indessen war mir das noch nicht deutlich geworden und Lili ebensowenig. Betrachtete ich nun aber mich in meinem Hause, und gedacht' ich sie hereinzuführen, so schien sie mir nicht zu passen, wie ich ja schon in *ihren* Zirkeln zu erscheinen, um gegen die Tags- und Modemenschen nicht abzustechen, meine Kleidung von Zeit zu Zeit verändern, ja wieder verändern mußte. Das konnte aber doch mit einer häuslichen Einrichtung nicht geschehen, wo in einem neugebauten stattlichen Bürgerhause ein nunmehr veralteter Prunk gleichsam rückwärts die Einrichtung geleitet hatte.

So hatte sich auch, selbst nach der durch Demoiselle Delph gewonnenen Einwilligung, kein Verhältnis der Eltern untereinander bilden und einleiten können; kein Familienzusammenhang, andere Religionsgebräuche (der Herr Rath war entschieden lutherisch gesinnt, die Schönemanns zählten zur reformierten Gemeinde), andere Sitten! und wollte die Liebenswürdige ihre Lebensweise fortsetzen, so fand sie in dem anständig geräumigen Haus keine Gelegenheit, keinen Raum.

Hatte ich bisher von allem diesen abgesehen, so waren mir zur Beruhigung und Stärkung von außen her schöne Ansichten eröffnet, zu irgend einer gedeihli-

Susanne Elisabeth Schönemann, Lilis Mutter
Kreidezeichnung von Lili Brunck von
Freundeck, geb. v. Türckheim

chen Anstellung zu gelangen. Ein rühriger Geist faßt überall Fuß; Fähigkeiten, Talente erregen Vertrauen; jedermann denkt, es komme ja nur auf eine veränderte Richtung an. Zudringliche Jugend findet Gunst, dem Genie traut man alles zu, obwohl es doch nur ein Gewisses vermag.

Das deutsche geistig-literarische Terrain war damals ganz eigentlich als ein Neubruch anzusehen, es fanden sich unter den Geschäftsleuten kluge Menschen, die für den neu aufzuwühlenden Boden tüchtige Anbauer und kluge Haushälter wünschten. – In Städten wie Frankfurt gibt es kollektive Stellen, Residentschaften, Agentschaften, die sich durch Tätigkeit grenzenlos erweitern lassen. Dergleichen bot sich auch mir, beim ersten Anblick vorteilhaft und ehrenhaft zugleich.

Man setzte voraus, daß ich für sie passe; man verschweigt sich die Zweifel, man teilt sich das Günstige mit; man überwindet jedes Schwanken durch gewaltsame Tätigkeit; es kommt dadurch etwas Unwahres in den Zustand der Liebenden, ohne daß die Leidenschaft deshalb gemildert werde.

Schemata – Das Verhältnis zu Lili trübt sich. Es finden sich Hindernisse, die man sich verschwiegen hatte. Von Freunden wird uns beiderseits unser Verhältnis als Mißgriff vorgestellt. Die beschlossene Verbindung scheint uns selbst nach und nach bedenklich, doch schweigen wir davon gegeneinander. Man scheut sich das öffentlich zu zeigen, woran man im stillen zweifelt. Man meidet sich in Gesellschaft; man sucht sich in flüchtigen Augenblicken. Man findet sich wieder wie sonst, aber mit Bangigkeit. Der Zustand wird unerträglich. Ich sehne mich nach einer Ausflucht.

Die tanzenden Grazien · Pastell von Angelica Kauffmann

1 Samstag

Nichts im Leben, außer Gesundheit und Tugend, ist schätzenswerter als Kenntnis und Wissen; auch ist nichts so leicht zu erreichen und so wohlfeil zu erhandeln: die ganze Arbeit ist ruhig sein, und die Ausgabe Zeit, die wir nicht retten, ohne sie auszugeben.

2 Sonntag

Willst du viele befrein, so wag es, vielen zu dienen. Wie gefährlich das sei, willst du es wissen? Versuchs!

3 Montag

Charakter ist Eigenschaft und Gewohnheit zugleich.

4 Dienstag

Wie oft gab ein einziger Gedanke ganzen Jahrhunderten eine andere Gestalt und drückten einzelne Menschen durch das, was von ihnen ausging, ihrem Zeitalter ein Gepräge auf, das noch in nachfolgenden Geschlechtern kenntlich blieb.

5 Mittwoch

Ein Mensch, der sich über vieles hinaussetzt, wird doch an einer Ecke mit Zwirnsfäden angebunden.

6 Donnerstag

Der Forscher bleibt ebenso beruhigt, wenn ihm die Majorität beistimmt, als wenn er sich in der Minorität befindet; denn er hat das Seinige getan.

7 Freitag

Gut verloren – etwas verloren!
Mußt rasch dich besinnen
Und neues gewinnen.

8 Samstag

Die Frauen haben eine gewisse Zurückhaltung aus Bescheidenheit, die ihre größte Zierde ist; sie hindert sie, ihre Gefühle frei zu äußern.

9 Sonntag

Wer Bedingung früh erfährt,
Gelangt bequem zur Freiheit;
Wem Bedingung sich spät aufdringt,
Gewinnt nur bittre Freiheit.

10 Montag

Versuche, die eigne Autorität zu fundieren: sie ist überall begründet, wo Meisterschaft ist.

11 Dienstag

Narre! wenn es brennt, so lösche,
Hats gebrannt, bau wieder auf!

12 Mittwoch

Die Außenwelt bewegt sich so heftig, daß jeder einzelne bedroht ist, in den Strudel mit fortgerissen zu werden. Hier sieht er sich genötigt, um seine eigenen Bedürfnisse zu befriedigen, unmittelbar und augenblicklich für die Bedürfnisse anderer zu sorgen.

13 Donnerstag

Wems nicht gegeben wird, wirds nicht erjagen.

14 Freitag

Und wenn die Flut dich noch so vorwärts führt,
Die Ebbe gleich wird dich zurücke reißen.

15 Samstag

Ein jeder, nur zehn Jahre früher oder später geboren, dürfte, was seine eigene Bildung und die Wirkung nach außen betrifft, ein ganz anderer geworden sein.

16 Sonntag

Verweilst du in der Welt, sie flieht als Traum,
Du reisest, ein Geschick bestimmt den Raum;
Nicht Hitze, Kälte nicht vermagst du fest zu halten
Und was dir blüht, sogleich wird es veralten.

17 Montag

Man kann der Gesellschaft alles aufdringen, nur nicht, was Folge hat.

18 Dienstag

Ich darf sagen, ich kam nie leer zurück, wenn ich unter Druck und Not Gott gesucht hatte.

19 Mittwoch

Hälts der Jäger mit dem Fuchs, ists unmöglich, ihn zu fangen.

20 Donnerstag · Himmelfahrt

Das ist eine von den alten Sünden;
Sie meinen: Rechnen, das sei Erfinden.

21 Freitag

Vom heutgen Tag, von heutger Nacht
Verlange nichts,
Als was die gestrigen gebracht.

22 Samstag

Es geht eins nach dem andern hin,
Und auch wohl vor dem andern;
Drum laßt uns rasch und brav und kühn
Die Lebenswege wandern.

23 Sonntag

Es zeugt von einem zarten Gewissen, welches das eigene moralische Selbst so hoch schätzet, daß es ihm nichts verzeihen will. Ein solches Gewissen macht hypochondrische Menschen, wenn es nicht durch eine große Tätigkeit balanciert wird.

24 Montag

Der Autor ist selten ein unparteiischer Richter seiner eigenen Sachen.

25 Dienstag

Dunkel ist die Nacht, bei Gott ist Licht.
Warum hat er uns nicht auch so zugericht?

26 Mittwoch · Wochenfest

Gegen große Vorzüge eines andern gibt es kein Rettungsmittel als die Liebe.

27 Donnerstag

So ists aber in der Welt: wer nur erst über einen Anstoß hinaus ist, kommt über tausend.

28 Freitag

Ein alter Mann ist stets ein König Lear!

29 Samstag

Jeder Arzt ist nichts ohne die genauste Kenntnis der äußern und innern Glieder des Menschen, und es reicht keineswegs hin, auf Schulen flüchtige Kenntnis hievon genommen, sich von Gestalt, Lage, Zusammenhang der mannigfaltigsten Teile des unerforschlichen Organismus einen oberflächlichen Begriff gemacht zu haben.

30 Pfingsten

Der Dichter weiß nur allein, welche Reize er seinem Gegenstande zu geben fähig ist. Man soll daher nie jemanden fragen, wenn man etwas schreiben will.

31 Pfingstmontag

Und nun sei ein heiliges Vermächtnis
Brüderlichem Wollen und Gedächtnis:
Schwerer Dienste tägliche Bewahrung,
Sonst bedarf es keiner Offenbarung.

Frankfurt am Main · Kol. Aquatintastich, 1814

In einer Stadt wie Frankfurt befindet man sich in einer wunderlichen Lage; immer sich kreuzende Fremde deuten nach allen Weltgegenden hin und erwecken Reiselust. Gerade jetzt, wo es darauf ankam, einen Versuch zu machen, ob ich Lili entbehren könne, wo eine gewisse peinliche Unruhe mich zu allem bestimmten Geschäft unfähig machte, war die Aufforderung der Grafen Stolberg («Gustgens» Brüder), sie nach der Schweiz zu begleiten, willkommen. Begünstigt durch das Zureden meines Vaters, welcher eine Reise in jeder Richtung sehr gerne sah und mir empfahl, einen Übergang nach Italien nicht zu versäumen, entschloß ich mich schnell, und es war bald gepackt. Mit einiger Andeutung, aber ohne Abschied, trennt' ich mich von Lili. Sie war mir so ins Herz gewachsen, daß ich mich gar nicht von ihr zu entfernen glaubte.

Goethe war impressioniert. Er war engagiert. Lili war ihm ans Herz gewachsen. Er war trotz aller äußeren Störungen, die von dem divergierenden Lebensstil der beiderseitigen Familien ausgingen, trotz dem daraus resultierenden Zwang und der ihn zutiefst irritierenden Forderungen ganz und gar hingerissen und verführt. Voll Ironie, Skepsis und nicht ohne abwehrenden Trotz nennt er sich einen Fastnachts-Goethe, einen Hanswurst, einen Frosch- und Spinnenjäger, beschreibt sich, hilflos der Lili-Passion ausgeliefert, als schmelzenden Käs, als den Papagey auf der Stange, den gezähmten Bären, und als die Qual steigt, als eine Ratt, die Gift gefressen hat, die in alle Löcher läuft, alle Feuchtigkeit schlurpft, alles Eßbare verschlingt und im Innersten von unauslöschlich verderblichem

Feuer glühe! Das war, so wollte ihm scheinen, schiere Zauberei. – Auf einem Zettel notierte er mit dem Blick auf die Geliebte, deren Gutsein und liebliche Schuldlosigkeit ihm dennoch (im gleichen Atemzug!) unbezweifelbar blieb, Vokabeln wie Zauberkreis, Zauberfädchen, spricht vom dumpfen Zauberwerk, notiert: «ein Zauber bleit mich nieder» oder «der Zauber häkelt mich wieder». Er ist gebannt; Lilis Anziehungskraft, sanft und von großer Süße, hält an. – Zugleich aber weiß er, ungeblendet durch frühen Ruhm, den «Götz» und «Werther» brachten, daß er Gefahr lief, «Talent und Tage zu vergeuden». Zwar erschienen die Singspiele, «Stella» entstand; es entstanden die Lieder für Lili. Dennoch warnte sein Instinkt. War es möglich, trotz und mit Lili, die Arbeit an «Egmont», an «Faust» zu fördern; war es möglich, neben der Geliebten, den Aufgaben des Poeten treu zu bleiben? – Zweifel überkamen ihn. Er durfte sich nicht festlegen, durfte sich nicht (seine stete Furcht!) «in den Sack stecken» lassen. Was ihm not tat, war Stille und Alleinsein. So sehr er Freundschaft und geselligen Umtrieb genoß, so leidenschaftlich er die Liebe liebte, er konnte, wie er noch 1799 an Schiller schrieb, «ohne absolute Einsamkeit nicht das Mindeste hervorbringen». Dieses Dilemma zwang ihn (noch einmal sei Emil Staiger zitiert), kaum einer der Frauen, die ihn, angezogen von Charme und Dichterruhm, umringten und verwöhnten, zu gestatten «voll in die Wirklichkeit seines Lebens einzutreten». Sein Leben lang ließ er wieder und wieder die oft überaus lieblichen Geschöpfe von sich fortgleiten. Er verließ sie, trotz Sehnsuchtsqual und Liebesschmerz, ehe er ernstlich «an der Kette lag». – Auch Lili, «schön wie ein Engel und noch

Blick vom Sachsenhäuser Berg · Ölbild von Christian Schütz d. Ä., 1779

besser als schön», drohte für sein Empfinden zur Gefahr für ihn und das Werk, das dunkel vor ihm lag, zu werden. Er fühlte sich gezwungen, ihrem Zauber zu entfliehen; er mußte zusehen, ob er nicht ohne sie zu existieren vermochte …

Ch. Stolberg, *17.5.1775* – Das macht uns herrliche Freuden, daß wir mit Goethe reisen. Er ist ein wilder, unbändiger, aber sehr guter Junge. Voll Geist, voll Flamme! In Frankfurt haben wir uns alle Werthers Uniform machen lassen, einen blauen Rock mit gelber Weste und Hosen; runde graue Hüte haben wir dazu. –
Goethe, Straßburg, *24.5.* – Alles ist besser, als ich dachte. Vielleicht, weil ich liebe, finde ich alles gut... Soviel diesmal vom durchgebrochnen Bären, von der entlaufenen Kazze!
Ch. Stolberg, *31.5.* – Goethe hat uns verlassen. Ob er weiter mit uns geht, weiß ich nicht; sein Herz zieht ihn nach Frankfurt zurück.
Goethe, Emmendingen, *5.6.* – Ich geh nach Schaffhausen, den Rheinfall zu sehen, mich in die große Idee einzuwickeln. Denn noch, fühl ich, ist der Hauptzweck meiner Reise verfehlt, und komm ich wieder, ists dem Bären noch schlimmer als vorher.

Den 15. Junius. Donnerstags morgen aufm Zürichersee.

Die Welle wieget unsern Kahn
Im Rudertackt hinauf
Und Berge Wolcken angethan
Entgegnen unserm Lauf.

Aug mein Aug was sinckst du nieder
Goldne Träume kommt ihr wieder
Weg du Traum so gold du bist
Hier auch Lieb und Leben ist...

Vom Berge in die See
Vid. das PrivatArchiv des Dichters
Lit. L.
Wenn ich liebe Lili dich nicht liebte
Welche Wonne gäb mir dieser Blick
Und doch wenn ich Lili dich nicht liebte
Wär! Was wär mein Glück.

F. L. Stolberg, *16.6.1775* – Nun mußten wir einen schmalen, rauhen, steinichten Pfad hinaufklimmen. Über Berg und Tal gings fort, und wir kamen abends spät im Kloster St. Maria zu Einsiedeln an.

Dichtung und Wahrheit, IV, 18 – Man führte uns in die Schatzkammer. Ich bat, aus dem uns geöffneten Schrank eins der Krönchen herausnehmen zu dürfen; und als ich solches in die Höhe hob, dacht' ich mir nicht anders, als ich müßte es Lili auf die hellglänzenden Locken drücken, sie vor den Spiegel führen und ihre Freude über sich selbst und das Glück, das sie verbreitet, gewahr werden.

F. L. Stolberg, *20.6.* – Goethe ist mit einem Freund zum St. Gotthard gereist; da er nicht lange von Frankfurt sein kann, wollte er den doch sehen.

Dichtung und Wahrheit, Schemata – Auf den Gotthard. Wundersamer Eindruck dieses Gebirgs, der sich in eine fixe Idee verwandelt, die ich nie los geworden. Versuch nach Airolo hinabzugehen. Durch Lilis Andenken contraballancirt. – Ein goldenes Herzchen, das ich in schönsten Stunden von ihr erhalten hatte, hing noch an demselben Bändchen, an welchem sie es umknüpfte, lieberwärmt an meinem Halse. Ich faßte es an und küßte es:

Scheideblick nach Italien vom Gotthard
Tuschzeichnung von Goethe, 22.6.1775

Angedenken du verklungner Freude,
Das ich immer noch am Halse trage,
Hältst du länger als das Seelenband uns beide?
Verlängerst du der Liebe kurze Tage?

Flieh' ich Lili, vor dir! Muß noch an deinem Bande
Durch fremde Lande,
Durch ferne Täler und Wälder wallen!
Ach, Lilis Herz konnte so bald nicht
Von meinem Herzen fallen.

Wie ein Vogel, der den Faden bricht
Und zum Walde kehrt,
Er schleppt, des Gefängnisses Schmach,
Noch ein Stückchen des Fadens nach,
Er ist der alte freigeborne Vogel nicht,
Er hat schon jemand angehört.

JUNI

1 Dienstag

Denn man strebet fast,
Viel stärker zu gefallen, wenn man einmal
Mißfallen hat, als wenn man stets gefällt,
Und endlich denkt, man müsse nur gefallen.

2 Mittwoch

Gebet, gebet, gebet zum ersten, zum zweiten und dritten!

3 Donnerstag

Sei gefühllos!
Ein leichtbewegtes Herz
Ist ein elend Gut
Auf der wankenden Erde.

4 Freitag

Der eine spielt sein Spiel, der andre nicht, dieser wird vorwärts kommen, jener schwerlich. Einer sammelt, einer zerstreut.

5 Samstag

Wenn das Gefühl sich herzlich oft in Dämmrung freut,
So gnüget heitre Sonnenklarheit nur dem Geist.

6 Sonntag

Ein heftiger, wenn gleich ungerechter Angriff bleibt kühn und ehrenhaft; jede Verteidigung ist mißlich, sei sie auch noch so gut gemacht.

7 Montag

Jeden dem du selber gibst
Wirst du wie dich selber lieben.
Reiche froh den Pfennig hin,
Häufe nicht ein Goldvermächtnis.

8 Dienstag

Der Zweck bei der Feier großer Männer ist, sich vertraut zu machen mit großen Gedanken.

9 Mittwoch

Es ist gefährlich, wenn man allzu lang
Sich klug und mäßig zeigen muß.

10 Donnerstag · Fronleichnam

Die Natur härtet ihre echten Kinder gegen die Schmerzen und Übel ab, die sie ihnen unablässig bereitet, so daß wir den glücklichsten Menschen den nennen können, der der stärkste wäre, dem Übel zu entgegnen, es von sich zu weisen und ihm zum Trutz den Gang seines Willens zu gehen.

11 Freitag

Ein lustiger Gefährte ist ein Rollwagen auf der Wanderschaft.

12 Samstag

Jede Anlage ist wichtig, und sie muß entwickelt werden.

13 Sonntag

Denn Sehnsucht hält, von Staub zu Thron,
Uns all in strengen Banden.

14 Montag

Das Faßliche gehört der Sinnlichkeit und dem Verstande. Hieran schließt sich das Gehörige, welches verwandt ist mit dem Schicklichen.

15 Dienstag

Den Poeten bindet keine Zeit.

16 Mittwoch

Mich ängstigt das Verfängliche im widrigen Geschwätz,
Wo nichts verharret, alles flieht,
Wo schon verschwunden, was man sieht;
Und mich umfängt das bängliche
Das graugestrickte Netz. –
«Getrost! Das Unvergängliche
Es ist das ewige Gesetz
Wonach die Ros und Lilie blüht.»

17 Donnerstag

Alle Mystik ist ein Transzendieren und Ablösen von irgend einem Gegenstande, den man hinter sich zu lassen glaubt.

18 Freitag

Und so sag ich zum letzten Male:
Natur hat weder Kern noch Schale.

19 Samstag

Du prüfe dich nur allermeist,
Ob du Kern oder Schale seist!

20 Sonntag

Das Erdetreiben, wies auch sei,
Ist immer doch nur Plackerei.

21 Montag · Sommeranfang

Der Kuckuck wie die Nachtigall
Sie möchten den Frühling fesseln,
Doch drängt der Sommer schon überall
Mit Disteln und mit Nesseln.

22 Dienstag

«Was heißt du denn Sünde?» – Wie jedermann, wo ich finde, daß mans nicht lassen kann.

23 Mittwoch

Guten Ruf mußt du dir machen, unterscheiden wohl die Sachen; wer was weiter will, verdirbt.

24 Donnerstag

Ich muß gestehen, ich wüßte auch nichts mit der ewigen Seligkeit anzufangen, wenn sie mir nicht neue Aufgaben und Schwierigkeiten zu besiegen böte.

25 Freitag

Das Bedeutende will jedermann, nur soll es nicht unbequem sein.

26 Samstag

Umstülpen führt nicht ins Weite;
Wir kehren, frank und froh,
Den Strumpf auf die linke Seite
Und tragen ihn so.

27 Sonntag

Mit den Irrtümern der Zeit ist schwer sich abzufinden: widerstrebt man ihnen, so steht man allein; läßt man sich davon befangen, so hat man auch weder Ehre noch Freude davon.

28 Montag

Des Menschen größtes Verdienst bleibt wohl, wenn er die Umstände so viel als möglich bestimmt und sich so wenig als möglich von ihnen bestimmen läßt.

29 Dienstag

Es gibt Augenblicke des Lebens, in welchen die Begebenheiten, gleich geflügelten Weberschiffchen, vor uns sich hin und wider bewegen, und unaufhaltsam ein Gewebe vollenden, das wir mehr oder weniger selbst gesponnen und angelegt haben.

30 Mittwoch

Mein Erbteil wie herrlich, weit und breit!
Die Zeit ist mein Besitz, mein Acker die Zeit.

FEGEFEUER

Dichtung und Wahrheit – Ich war von dem Gipfel des Gotthard, Italien den Rücken wendend, nach Hause gekehrt, weil ich Lili nicht entbehren konnte. Eine Neigung, die auf die Hoffnung eines wechselseitigen Besitzes, eines dauernden Zusammenlebens gegründet ist, stirbt nicht aufeinmal ab, ja sie nährt sich an der Betrachtung rechtmäßiger Wünsche und redlicher Hoffnungen. –

Ich hatte auf Lili mit Überzeugung Verzicht getan, aber die Liebe machte mir diese Überzeugung verdächtig. Lili hatte in gleichem Sinn von mir Abschied genommen, und ich hatte die schöne zerstreuende Reise angetreten; aber sie bewirkte gerade das Umgekehrte. Solange ich abwesend war, glaubte ich an die Trennung, glaubte nicht an die Scheidung. Alle Erinnerungen, Hoffnungen und Wünsche hatten freies Spiel. Nun kam ich zurück, und wie das Wiedersehn der frei und freudig Liebenden ein Himmel ist, so ist das Wiedersehn von zwei nur durch Vernunftgründe getrennten Personen ein unleidliches Fegefeuer, ein Vorhof der Hölle. Als ich in die Umgebung Lilis zurückkam, fühlte ich alle jene Mißhelligkeiten doppelt, die unser Verhältnis gestört hatten; als ich wieder vor sie selbst hintrat, fiel mirs hart aufs Herz, daß sie für mich verloren sei.

Trocknet nicht, trocknet nicht,
Tränen der ewigen Liebe!
Ach, nur dem halbgetrockneten Auge
Wie öde, wie tot die Welt ihm erscheint!
Trocknet nicht, trocknet nicht,
Tränen unglücklicher Liebe!

Goethe an Gustgen, *3. 8. 1775* – Vor dem stroheingelegten bunten Schreibzeug – da sollten feine Briefgen ausgeschrieben werden und diese Tränen und dieser Drang! Welche Verstimmung. O daß ich alles sagen könnte. Hier in dem Zimmer des Mädgens, das mich unglücklich macht, ohne ihre Schuld, mit der Seele eines Engels, dessen heitre Tage ich trübe, ich! Gustgen! – Vergebens, daß ich zwey Monate, in freyer Luft herumfuhr, tausend neue Gegenstände in alle Sinnen sog. – Hundertmal wechselt's mit mir den Tag! – Engel, es ist ein schröcklicher Zustand der Sinnlosigkeit. – Lang halt ich's hier nicht aus, ich muß wieder fort – Wohin! – – – Ich mache Ihnen Striche, denn ich saß eine Viertelstunde in Gedanken und mein Geist flog auf dem ganzen bewohnten Erdboden herum. – Unseliges Schicksal, das mir keinen Mittelzustand erlauben will. Entweder auf einem Punkt fassend, festklammernd oder schweifend gegen alle vier Winde! – – –

An Lavater, *4. 8.* – Ich sitze in Offenbach, wo freylich Lili ist. Ich hab sie von dir gegrüßt. – Gestern waren wir ausgeritten. Lili, d'Orville und ich. Du solltest den Engel im Reitkleide zu Pferde sehn!

An Rahel d'Orville, *August 1775* – Da ist Käs liebe Frau und gleich in Keller mit ihm. Der Kerl ist wie ich, solang er die Sonne nicht spürt und ich Lili nicht sehe, so sind wir feste, tapfre Kerls.

An Merck, *8. 8.* – Ich bin wieder scheißig gestrandet, und möchte mir tausend Ohrfeigen geben, daß ich nicht zum Teufel ging, da ich flott war. Ich passe wieder auf neue Gelegenheit abzudrücken; das heißt zu Ende des Jahres muß ich fort. Daur' es kaum bis dahin, auf diesem Bassin herum zu gondolieren, und auf die Frösch- und Spinnenjagd mit großer Feyerlichkeit auszuziehen.

An Gustgen, *14.–19.9.* – Was Sie von Lili sagen, ist ganz wahr. Unglücklicherweise macht der Abstand von mir das Band nur fester, das mich an sie zaubert...

Ja Gustgen – über des Menschen Herz läßt sich nichts sagen, als mit dem Feuerblick des Moments.

Nach Tische. – Dein gut Wort würkte in mir, da sprachs auf einmal in mir, sollts nicht übermäßiger Stolz seyn zu verlangen, daß dich ganz das Mädgen erkennte und so erkennend liebte, erkenn ich sie vielleicht auch nicht, und da sie anders ist wie ich, ist sie nicht vielleicht besser. Gustgen! – Laß mein Schweigen dir sagen, was keine Worte sagen können.

Jener Tage denk' ich trauernd,
Als ich, Engel, an dir hing,
Auf das erste Knöspchen lauernd
Früh zu meinem Garten ging.

Alle Blüten, alle Früchte
Noch zu deinen Füßen trug,
Und vor deinem Angesichte
Hoffnung in dem Herzen schlug.

Ihr verblühet, süße Rosen,
Meine Liebe trug euch nicht;
Blühtet, ach, dem Hoffnungslosen,
Dem der Gram die Seele bricht.

Aus «Erwin und Elmire», 1775

«Prospect ausser d. S. Catharinen Pfort...» (Hauptwache) · Kupferstich von Johann Balthasar Probst, vor 1750

EIFERSUCHT

Dichtung und Wahrheit, IV, 19 – Aber was ereignete sich! Die Messe kam, und so erschien der Schwarm jener Gespenster (die ich aus Lilis Erzählungen kannte und abgetan wähnte) in ihrer vollen Wirklichkeit. Alle Handelsfreunde des bedeutenden Hauses kamen nach und nach heran, und es offenbarte sich schnell, daß keiner einen gewissen Anteil an der liebenswürdigen Tochter völlig aufgeben wollte, noch konnte. Die Jüngeren, ohne zudringlich zu sein, erschienen dennoch als Wohlbekannte, die Mittleren, mit einem gewissen verbindlichen Anstand, wie solche, die sich beliebt machen und allenfalls mit höheren Ansprüchen hervortreten möchten. – Die alten Herren aber waren ganz unerträglich mit ihren Onkelmanieren, die ihre Hände nicht in Zaum hielten, und bei widerwärtigem Tätscheln sogar einen Kuß verlangten, dem die Wange nicht versagt wurde.

Ist doch keine Menagerie
So bunt als meiner Lili ihre!
Sie hat darin die wunderbarsten Tiere
Und kriegt sie rein, weiß selbst nicht wie.

Welch ein Geräusch, welch ein Gegacker,
Wenn sie sich in die Türe stellt
Und in der Hand das Futterkörbchen hält!
Welch ein Gequiek, welch ein Gequaker!
Alle Bäume, alle Büsche
Scheinen lebendig zu werden:
So stürzen sich ganze Herden
Zu ihren Füßen, sogar im Bassin die Fische
Patschen ungeduldig mit Köpfen heraus;
Und sie streut dann Futter aus
Mit einem Blick – Götter zu entzücken,
Geschweige die Bestien. Da geht's an ein Picken,
An ein Schlürfen, an ein Hacken;
Sie stürzen einander über die Nacken,
Schieben sich, drängen sich, reißen sich,
Jagen sich, ängsten sich, beißen sich
Und das um ein Stückchen Brot,
Das, trocken, aus den schönen Händen schmeckt,
Als hätt' es in Ambrosia gesteckt.

«Am Römerberg» · Kolorierter Kupferstich von F. W. Delkeskamp, 1836 (Ausschnitt)

1 Donnerstag

Noch ist es Tag, da rühre sich der Mann,
Die Nacht tritt ein, wo niemand wirken kann.

2 Freitag

Das Leben gehört dem Lebendigen an, und wer lebt, muß auf Wechsel gefaßt sein.

3 Samstag

So angenehm uns der Anblick eines wohlgestalteten Menschen ist, so angenehm ist uns eine ganze Einrichtung, aus der uns die Gegenwart eines verständigen, vernünftigen Wesens fühlbar wird.

4 Sonntag

Wer Großes will, muß sich zusammenraffen.

5 Montag

Vom Nützlichen durchs Wahre zum Schönen.

6 Dienstag

Wir können uns eigentlich nichts angewöhnen, nichts, was nicht eigentlich schon unser wäre. Es ist nur das Wiederholen des ersten ursprünglichen Tuns, und der Charakter ist eigentlich vor aller Gewöhnung und Gewohnheit.

7 Mittwoch

Doch ich bin gesund,
Wenn ich mich meinem Fleiß ergeben kann,
Und so macht wieder mich der Fleiß gesund.

8 Donnerstag

Die Einsamkeit macht nicht die Freistatt. Die schätzenswerteste Freistatt ist da zu suchen, wo wir tätig sein können.

9 Freitag

Jeder Mensch ist ein Adam; denn jeder wird einmal aus dem Paradies – der warmen Gefühle vertrieben.

10 Samstag

Über die wichtigsten Angelegenheiten des Gefühls wie der Vernunft, der Erfahrung wie des Nachdenkens soll man nur mündlich verhandeln.

11 Sonntag

Dem Menschen gereicht es zur höchsten Ehre, im Unglück sich zu fassen, den Schmerz mit Gleichmut und Anstand zu ertragen.

12 Montag

Was ist denn das Erfinden? Es ist der Abschluß des Gesuchten.

13 Dienstag

Der Leichtsinnige freut sich der Flucht wie einer Spazierfahrt und der Ungenügsame verlangt, daß ihm auch noch als Bettler alles zu Diensten stehe.

14 Mittwoch

Und wenn du ganz in dem Gefühle selig bist,
Nenn es dann, wie du willst:
Nenns Glück! Herz! Liebe! Gott!
Ich habe keinen Namen
Dafür! Gefühl ist alles;
Name ist Schall und Rauch.

15 Donnerstag

Fürwahr der Bewohner einer großen Stadt ist wie zu einem ununterbrochenen Feste eingeladen, wo er nur zu naschen braucht, um satt zu werden.

16 Freitag

Eh er singt und eh er aufhört,
Muß der Dichter leben.

17 Samstag

Es macht nichts lächerlicher, als wenn man ein fremdes, ein Kunstwort falsch anwendet.

18 Sonntag

Wir sind insofern zu achten, als wir zu schätzen wissen.

19 Montag

Jeder greife mit allen seinen Fertigkeiten so weit umher, als er zu reichen fähig ist.

20 Dienstag

Was man durch einen gleichgesinnten Freund erfährt, ist nahezu als wenn man es selbst erfahren hätte.

21 Mittwoch

Es ist sehr angenehm zu sehen, wie ein Gegenstand, der uns interessiert, die Aufmerksamkeit anderer gleichfalls in Bewegung setzt.

22 Donnerstag

Außer den Gegenständen der Natur, die in allen ihren Teilen wahr und konsequent ist, spricht doch nichts so laut als die Spur eines guten verständigen Mannes.

23 Freitag

Sich in seiner Beschränktheit gefallen, ist ein elender Zustand. In Gegenwart des besten seine Beschränktheit fühlen, ist freilich ängstlich, aber diese Angst erhebt.

24 Samstag

Es ist das Schöne einer tätigen Teilnahme, daß sie wieder hervorbringend ist.

25 Sonntag

Daß sie Kinder erziehen könnten,
Müßten die Mütter sein wie Enten:
Sie schwämmen mit ihrer Brut in Ruh;
Gehört aber freilich Wasser dazu.

26 Montag

Es gibt problematische Naturen, die keiner Lage gewachsen sind, in der sie sich befinden, und denen keine genug tut.

27 Dienstag

Und wie der Mensch dem Menschen Weg bereitet,
Dem Menschen ists der Mensch, der sie bestreitet.

28 Mittwoch

Die Wahlsprüche deuten auf das, was man nicht hat, wonach man strebt.

29 Donnerstag

Wer ist so gebildet, daß er nicht seine Vorzüge gegen andre manchmal auf eine grausame Weise geltend machte?

30 Freitag

Das Gesicht ist der edelste Sinn, die andern vier belehren uns nur durch die Organe des Takts, wir hören, wir fühlen, riechen und betasten alles durch Berührung; das Gesicht aber steht unendlich höher und nähert sich den Fähigkeiten des Geistes.

31 Samstag

Zur Weisheit bekehre bald sich jeder und meide das Böse, verehre die Tugend!

Ihr war so natürlich, dem allem anständig zu genügen. Allein auch die Gespräche erregten manches bedenkliche Erinnern. Von jenen Lustfahrten wurde gesprochen zu Wasser und zu Lande, von mancherlei Fährlichkeiten mit heiterem Ausgang, von Bällen und Abendpromenaden, von Verspottung lächerlicher Werber, und was nur eifersüchtiger Ärger in dem Herzen des trostlos Liebenden aufregen konnte, der gleichsam das Fazit so vieler Jahre auf eine Zeitlang an sich gerissen hatte.

Doch hat sie auch ein Fläschchen Balsam-Feuers,
Dem keiner Erde Honig gleicht,
Wovon sie wohl einmal, von Lieb und Treu erweicht,
Um die verlechzten Lippen ihres Ungeheuers
Ein Tröpfchen mit der Fingerspitze streicht
Und wieder flieht und mich mir überläßt,
Und ich dann, losgebunden, fest
Gebannt bin, immer nach ihr ziehe,
Sie suche, schaudre, wieder fliehe –
So läßt sie den zerstörten Armen gehn,
Ist seiner Lust, ist seinen Schmerzen still;
Ha! manchmal läßt sie mir die Tür halb offen stehn,
Sie blickt mich spottend an, ob ich nicht fliehen will.

Und ich! – Götter, ists in euren Händen,
Dieses dumpfe Zauberwerk zu enden:
Wie dank ich, wenn ihr mir die Freiheit schafft!
Doch sendet ihr mir keine Hilfe nieder –
Nicht ganz umsonst reck ich so meine Glieder:
Ich fühls! Ich schwörs! Noch hab ich Kraft.

Aus «Lilis Park», 1775

Dichtung und Wahrheit – Bei meiner Rückkehr aus der Schweiz, erfuhr ich, man habe Lili in meiner Abwesenheit völlig überzeugt, sie müsse sich von mir trennen, und dieses sei umso notwendiger, ja tunlicher, weil ich durch meine Reise und eine ganz willkürliche Abwesenheit mich genug selbst erklärt habe. Dieselben Lokalitäten jedoch in Stadt und auf dem Land, dieselben Personen, mit allem Bisherigen vertraut, ließen denn doch kaum die beiden noch immer Liebenden, obgleich auf eine wundersame Weise auseinander Gezogenen, ohne Berührung. Es war ein verwünschter Zustand, der sich in einem gewissen Sinne dem Hades, dem Zusammensein jener glücklich-unglücklichen Abgeschiedenen verglich.
Goethe an Rahel d'Orville, *30.8.75* – Gestern führte mich ein böser Geist zu Lili in einer Stunde, da sie mich *so ganz entbehren* konnte, da es denn meinem Herzen ward, als wenn's gemangt würde, und ich mich eilig fortmachte.
An Gustgen, *15.9.* – *Guten Morgen.* Sie raten nicht, was mich beschäftigt, eine Maske, auf kommenden Dienstag, wo wir Ball haben.
Nach Tisch. Und meine Maske wird eine altdeutsche Tracht. Ach wie dank ich Gott, daß er mir diese Puppe auf die paar Tage gegeben hat, wenns so lang währt. – *halb viere.* In Brunnen gefallen, wie ich ahndete. Meine Maske wird nicht gemacht. Lili kommt nicht auf den Ball... Ich tats, sie zu ehren, weil ich deklarirt für sie bin... Ich tats auch halb aus Trutz, weil wir nicht sonderlich stehn die acht Tage her. Und nun!

Frankfurt d. 16ten Heut Nacht neckten mich halb fatale Träume. – *Nach Mittag halb vier.* Ich tat was, Lili eine kleine Freude zu machen. – Gehe jetzt nach Offenbach, um Lili heute Abend nicht in der Comödie, morgen nicht im Conzert zu sehen.
Offenbach, Sonntag d. 17ten Nachts zehen. – Heut vor acht Tagen war Lili hier [zur Feier von Pfarrer Ewalds Hochzeit. Mit Goethe sang sie dem Paar das Hochzeitslied!]. Und in dieser Stunde war ich in der grausamst feyerlichst süßesten Lage meines ganzen Lebens.
Frankfurt, Montag, *18ten.* Lili heut nach Tisch gesehn – in der Comödie gesehn. Hab kein Wort mit ihr zu reden gehabt – auch nichts geredt! – Wär ich das los. O Gustgen – und doch zittr' ich vor dem Augenblick, da sie mir gleichgültig, ich hoffnungslos werden könnte. – *Dienstag sieben Morgens.* Im Schwarm! Gustgen! Gustgen! ich lasse mich treiben, und halte nur das Steuer, daß ich nicht strande. Doch ich bin gestrandet, ich kann von dem Mädgen nicht ab – heut früh regt sichs wieder zu ihrem Vorteil in meinem Herzen. – Ich geh doch auf den Ball. Lili geht nicht. – Adieu. ich bin ein Armer verirrter verlohrener! – *Nachts Achte* Aus der Comödie und nun die Toilette zum Ball! O Gustgen! Welch ein Leben. Soll ich fortfahren? oder mit diesem auf ewig endigen. Und doch Liebste, wenn ich wieder so fühle, daß mitten in all dem Nichts, sich doch wieder so Häute von meinem Herzen lösen – – da lass ichs dann so gehn. Betrüge mich vielleicht selbst...
An Johanna Fahlmer, *Ende September* – Ausgestanden hab ich die Wochen schröcklich von allen Seiten, aber auch widerstanden! Weiß Gott!!

Der Kühhornshof · Tuschzeichnung von Goethe · 1775

An Bürger, *18. 10. 1775* – Die ersten Augenblicke Sammlung, die mir durch einen tollen Zufall, durch eine lettre de cachet des Schicksals [die Einladung nach Weimar] übers Herz geworfen werden, die ersten nach den zerstreutesten, verworrensten, ganzesten, vollsten, leersten, kräftigsten und läppischten drey Vierteljahren, die ich in meinem Leben gehabt habe! Was die menschliche Natur von Widersprüchen sammeln kann, hat mir die Frau Hold oder Unhold, wie soll ich sie nennen? zum Neujahrsgeschenk von 75 gereicht. – Wies von nun an mit mir werden wird, weiß Gott! Es wird noch unruhiger, noch verwickelter und dann will ich mich mit Freuden des gegenwärtigen Augenblicks erinnern …

HERBSTGEFÜHL

Fetter grüne, du Laub,
Am Rebengeländer
Hier mein Fenster herauf!
Gedrängter quellet,
Zwillingsbeeren, und reifet
Schneller und glänzend voller!
Euch brütet der Mutter Sonne
Scheideblick, euch umsäuselt
Des holden Himmels
Fruchtende Fülle;
Euch kühlet des Mondes
Freundlicher Zauberhauch,
Und euch betauen, ach!
Aus diesen Augen
Der ewig belebenden Liebe
Vollschwellende Tränen.

Offenbach, 1775

Nach den leidenschaftlichen Wirren des Sommers 1775 ein Augenblick des Innehaltens. Das Leiden unter der Trennung von Lili hat Goethes Lebensgefühl eine neue Dimension gegeben: Im Strömen der frei gefüllten Verse werden die lautlos wachsende Natur und die eigenen Schmerzen, eigenen Tränen zum Bild unauflöslicher Zusammenbgehörigkeit.

1 Sonntag

... zwar ists mit der Gedankenfabrik
Wie mit einem Webermeisterstück,
Wo ein Tritt tausend Fäden regt,
Die Schifflein herüber- hinüberschießen,
Die Fäden ungesehen fließen,
Ein Schlag tausend Verbindungen schlägt!

2 Montag

Es ist eine rechte deutsche Art, zu einem Gedicht oder sonstigen Werke den Eingang überall, nur nicht durch die Türe zu suchen.

3 Dienstag

Tut dir jemand was zulieb,
Nur geschwinde, gib nur, gib.

4 Mittwoch

Unser Anteil an öffentlichen Angelegenheiten ist meist nur Philisterei.

5 Donnerstag

Ich fühle recht gut, daß meine Natur nur nach Sammlung und Stimmung strebt und an allem keinen Genuß hat, was diese hindert.

6 Freitag

Folge! Das einzige, wodurch alles gemacht wird und ohne das nichts gemacht werden kann.

7 Samstag

Viele Gedanken heben sich erst aus der allgemeinen Kultur hervor wie die Blüten aus den grünen Zweigen.

8 Sonntag

Wollt ihr Macht? Der Mächtge hat sie.
Wollt ihr Reichtum? Zugegriffen!
Glanz? Behängt euch! Einfluß? Schleicht nur!
Hoffe niemand solche Güter;
Wer sie will, ergreife sie.

9 Montag

Es gibt im Menschen auch ein Dienenwollendes.

10 Dienstag

Den einzelnen Verkehrtheiten des Tags sollte man immer nur große weltgeschichtliche Massen entgegensetzen.

11 Mittwoch

Jeder Fortschritt ist ein Wagestück, und nur durch Wagen kommt man entschieden vorwärts.

12 Donnerstag

Das Gewissen bedarf keines Ahnherrn, mit ihm ist alles gegeben; es hat nur mit der innern eigenen Welt zu tun.

13 Freitag

Welche Wonne ist es zu denken, daß der Türke der mich für einen Hund, und der Jude, der mich für ein Schwein hält, sich einst freuen werden, meine Brüder zu sein.

14 Samstag

Zerbrecht euch die Köpfe nicht, und wenns auf eine oder die andre Weise übel abläuft, zerbrecht sie euch auch nicht.

15 Sonntag

Ein bedeutendes Faktum, ein geniales Aperçu beschäftigt eine sehr große Anzahl Menschen, erst nur um es zu kennen, dann um es zu erkennen, dann es zu bearbeiten und weiter zu führen.

16 Montag

Es wäre schön, was Guts zu kauen,
Müßte man es nur nicht auch verdauen.

17 Dienstag

Es gibt zwei friedliche Gewalten: Das Recht und die Schicklichkeit.

18 Mittwoch

Die Mängel erkennt nur der Lieblose; deshalb, um sie einzusehen, muß man auch lieblos werden, aber nicht mehr, als hiezu nötig ist.

19 Donnerstag

Wer alles und jedes in seiner ganzen Menschheit tun oder genießen will, wer alles außer sich zu einer solchen Art von Genuß verknüpfen will, der wird seine Zeit nur mit einem ewig unbefriedigten Streben hinbringen.

20 Freitag

Jeder streicht zu, versucht sein Glück,
Es ist zuletzt eine Katzen-Musik.

21 Samstag

Kein Wunder, daß wir uns alle mehr oder weniger im Mittelmäßigen gefallen, weil es uns in Ruhe läßt.

22 Sonntag

Wie kann man sich selbst kennen lernen? Durch Betrachten niemals, wohl aber durch Handeln. Versuche deine Pflicht zu tun, und du weißt gleich, was an dir ist.

23 Montag

Es kommt doch oft nur darauf an, daß die Menschen sich durch einen Dritten begreifen lernen.

24 Dienstag

Nichts wird leicht ganz unparteiisch wieder dargestellt. Man könnte sagen: hievon mache der Spiegel eine Ausnahme, und doch sehen wir unser Angesicht niemals ganz richtig darin.

25 Mittwoch

Man wird nie betrogen, man betrügt sich selbst.

26 Donnerstag

Charakter, Individualität, Neigung, Richtung, Örtlichkeit, Umgebungen und Gewohnheiten bilden zusammen ein Ganzes, in welchem jeder Mensch, wie in einem Elemente, in einer Atmosphäre, schwimmt, worin es ihm allein bequem ist.

27 Freitag

Nach unserm Rat bleibe jeder auf dem eingeschlagenen Wege und lasse sich ja nicht durch Autorität imponieren, durch allgemeine Übereinstimmungen bedrängen und durch Mode hinreißen.

28 Samstag · Goethes Geburtstag (1749)

Wir sind Originale, weil wir nichts wissen.

29 Sonntag

Ein heiterer Tag ist wie ein grauer, wenn wir ihn ungerührt ansehen, und was kann uns rühren, als die stille Hoffnung, daß die angeborne Neigung unsers Herzens nicht ohne Gegenstand bleiben werde?

30 Montag

Wenn der Ritter seine Schöne nicht für die schönste und einzige hielte, würde er Drachen und Ungeheuer um ihretwillen bekämpfen?

31 Dienstag

Es bedarf nur einer Kleinigkeit, um zwei Liebende zu unterhalten.

Schon einige Abende war es mir, während ich ungeduldig auf den Wagen wartete, der mich nach Weimar bringen sollte, nicht möglich gewesen, in der selbst gewählten Klausur zu Haus zu bleiben. In einen großen Mantel gehüllt, schlich ich in der Stadt umher, an Häusern meiner Freunde und Bekannten vorbei, und versäumte nicht, auch an Lilis Fenster zu treten. Die grünen Rouleaux waren niedergelassen, ich konnte aber recht gut bemerken, daß die Lichter am gewöhnlichen Platze standen. Bald hörte ich sie zum Klavier singen. Es war das Lied: Ach wie ziehst du mich unwiderstehlich! das nicht ganz vor einem Jahr an sie gedichtet ward. Ich konnt es deutlich Wort vor Wort verstehen. Nachdem sie zu Ende gesungen, sah ich an den Schatten, der auf die Rouleaux fiel, daß sie aufgestanden war; sie ging hin und wieder, aber vergebens suchte ich den Umriß ihres lieblichen Wesens durch das dichte Gewebe zu erhaschen. Nur der feste Vorsatz mich wegzubegeben, ihr nicht durch meine Gegenwart beschwerlich zu sein, ihr wirklich zu entsagen, und die Vorstellung, was für ein seltsames Aufsehen mein Wiedererscheinen machen müßte, konnte mich entscheiden, die so liebe Nähe zu verlassen.

Tagebuch, unterwegs, *30.10.1775* – Lili, adieu Lili zum zweitenmal! Das erste Mal [bei dem Aufbruch in die Schweiz] schied ich noch hoffnungsvoll, unsere Schicksale zu verbinden! Es hat sich entschieden – wir müssen einzeln unsere Rollen ausspielen. Mir ist in dem Augenblick weder bange für dich noch für mich, so verworren es aussieht! – Adieu!

II. DIE BARONIN TÜRCKHEIM

URTEILE

Johann Friedrich Schönemann – Meine Schwester war von Natur mit einer schönen und interessanten Gestalt begünstigt. Der Ausdruck eines lebhaften Geistes und talentvoller Befähigung, der aus ihren sprechenden Augen leuchtete, mischte sich mit den weichen Zügen einer edel geformten Gesichtsbildung und schuf eine Harmonie, die beim ersten Anblick auf ein gutes wohlwollendes Herz schließen ließ. Darum zog diese so äußerst liebliche Erscheinung alles an, was in ihre Nähe kam.

Goethe war meiner Schwester erste Inclination.

Frau Rat Goethe erklärte im Sommer 1807 Bettina Brentano, Lili sei «die erste Heißgeliebte ihres Sohns» gewesen.

Johann Friedrich Reichardt, *Tagebuch 1783* – Die herzlichste Bekanntschaft, die ich in Straßburg machte, war die neue mit der Frau Liese Türckheim. Eine liebenswürdige Trübheit über ihr grades, bescheidenes, denkendes Gesicht verbreitet, gab ihr in meinen Augen einen hohen geistigen Wert. Sie schien sehr gedrückt...

Lavater, *23.7.1783* – Liebe Türckkheim, wenn ich sehn kann, habe ich viele Freyheit des Geistes, viele Reinheit des Geistes in dir gesehn. (Ganz frey ist kein Menschgeist, ganz rein kein sterblich Herz.) Diese Freiheit und Reinheit wird dich, edle Seele, viel leiden und viel genießen machen. Leide und genieße – als Liese Schönemann und als Liese Türckheim, und bleibe Reichardts und Lavaters Freundin...

Lili · Plakette in Gips von Landolin Ohnmacht, 1790

Henriette v. Beaulieu-Marconnay, *1794* – Der Eindruck, den Frau v. Türckheims Persönlichkeit auf mich machte, läßt sich mit wenigen Worten bezeichnen. Ich glaubte Iphigenie vor mir zu sehn!

Bäbe Schultheß an Goethe, *27. 10. 1795* – Schon sint

dem August hebe ich dir einen lieben Gruß auf... da sahe ich zum ersten mahle die Liese Türckheim – und genoß ein paar schöne stille Stunden mit ihr – so fühlte ich mich wohl noch kaum mit jemanden gleich zu Hause wie mit ihr – ach! aber sie ist durch Leiden und Schicksale [die Flucht vor der Guillotine und das Exil Erlangen, aus dem sie eben über Zürich nach Straßburg zurückkehrte] körperlich sehr mitgenommen – aber desto erhöhter ihr Mut – desto fester die Kraft ihrer Seele. – Es tat mir sehr wohl, auch von dir mit ihr zu sprechen, sie sagte: ich laß ihn grüßen, und freue mich beym Andenken an ihn, das reine Bild, daß er durch sein Betragen gegen mich in meine Seele gelegt, darin zu wahren und werde es durch nichts, daß mir gesagt werden mag [also auch nicht, Beweis ihrer Unabhängigkeit!, durch das hämisch-böswillige Gerede der »edlen Seelen« über Christiane Vulpius und deren Rolle in Goethes Leben], verwischen lassen... Wies Liese nun wohl weiter ergehen mag (in dem immer noch gefährlichen Straßburg)? – Und doch, wann eine Sterbliche von guten Geistern bewacht und hindurch geführt wird, so ist's diese. – Es war mir so wohl neben ihr, als wenn ich in deiner Iphigenie lese, so wohl und so wehmütig, als wenn ich mir eine Stelle im Werthern aufschlage...

Mir ist es, denk ich nur an dich,
Als in den Mond zu sehn;
Ein stiller Friede kommt auf mich,
Weiß nicht, was mir geschehn.

Aus: «Jägers Abendlied», Winter 1776

Goethe an Frau v. Stein, *25.9.1779* – Ein ungemein schöner Tag, eine glückliche Gegend, noch alles grün, kaum hie und da ein Buchen- und Eichenblatt gelb. Die Weiden noch in ihrer silbernen Schönheit, ein milder willkommener Atem durchs ganze Land. Trauben mit jedem Schritt und jeden Tag besser. Himmelsluft weich, warm, feuchtlich, man wird auch wie die Trauben reif und süß in der Seele. Der Rhein und die klaren Gebürge in der Nähe, die abwechselnden Wälder, Wiesen und gartenmäßigen Felder machen dem Menschen wohl und geben mir eine Art Behagens, das ich lange entbehre.

Sonntags traf ich wieder mit dem Herzog und seiner Gesellschaft zusammen, und gegen Mittag waren wir in Straßburg. Ich ging zu Lili und fand den schönen Grasaffen mit einer Puppe von sieben Wochen spielen, und ihre Mutter war bey ihr.« Auch da wurde ich, wie am Tage zuvor in Sesenheim [wo Goethe Friederike Brion besuchte] mit Verwunderung und Freude empfangen. Erkundigte mich nach allem und sah in alle Ecken. Da ich dann zu meinem Ergötzen fand, daß die gute Creatur recht gut verheurathet ist. Ihr Mann, aus allem, was ich höre, scheint brav, vernünftig und beschäftigt zu seyn. Er ist wohlhabend, ein schönes Haus, ansehnliche Familie, einen stattlichen bürgerlichen Rang pp., alles was sie brauchte pp. Er war abwesend. Ich blieb zu Tische.

Ging nach Tisch mit dem Herzog auf den Münster. Abends sahen wir ein Stück; L'Infante de Zamora. Dann aß ich wieder bei Lili und ging in schönem Mondschein weg.

Fortsetzung Seite 100

Straßburg · Kol. Stich von F. B. Werner, um 1740

1 Mittwoch
Jeder flüchtigen Neigung will ich widerstehen, und selbst die ernstlichen in meinem Busen bewahren, kein weibliches Geschöpf soll ein Bekenntnis der Liebe von meinen Lippen vernehmen, dem ich nicht mein ganzes Leben widmen kann!

2 Donnerstag
Wer die Weiber haßt, wie kann der leben?

3 Freitag
Es wäre zwar irrig gehandelt, wenn man die Natur und Neigung überwältigen wollte, aber es ist wohl getan, wenn man sie zügelt und weislich beschränkt.

4 Samstag
Wie süß ist es, seine eigne Überzeugung aus einem fremden Munde zu hören! Wie werden wir erst recht wir selbst, wenn uns ein anderer vollkommen recht gibt.

5 Sonntag

Wenn der Mensch die Erde schätzet,
Weil die Sonne sie bescheinet,
An der Rebe sich ergetzet
Die dem scharfen Messer weinet,
Da sie fühlt, daß ihre Säfte
Wohlgekocht, die Welt erquickend,
Werden regsam vielen Kräften,
Aber mehreren erstickend:
Weiß er das der Glut zu danken,
Die das alles läßt gedeihen;
Wird Betrunkner stammelnd wanken,
Mäßger wird sich singend freuen.

6 Montag

Das eigentlich wahrhaft Gute, was wir tun, geschieht größtenteils clam, vi et precario.

7 Dienstag

Die Jugend ist um ihretwillen hier.

8 Mittwoch

Das Alter verliert eines der größten Menschenrechte: es wird nicht mehr von seinesgleichen beurteilt.

9 Donnerstag

Wo kluge Leute zusammenkommen,
Da wird erst Weisheit wahrgenommen.

10 Freitag

Alles verzehrt vor meinem End,
Das macht ein richtiges Testament.

11 Samstag

Rate sich jeder selbst!

12 Sonntag

Seh ich zum Wagen heraus
Mich nach jemand um,
So macht er gleich was draus;
Er denkt, ich grüß ihn stumm,
Und er hat Recht.

13 Montag

Die menschlichen Gebrechen sind rechte Bandwürmer, man reißt wohl einmal ein Stück los, und der Stock bleibt immer sitzen.

14 Dienstag

Nur der ist froh, der geben mag.

15 Mittwoch

Es betrügt sich kein Mensch, der in seiner Jugend noch so viel erwartet. Aber wie er damals die Ahndung in seinem Herzen empfand, so muß er auch die Erfüllung in seinem Herzen suchen, nicht außer sich.

16 Donnerstag · Jüdisches Neujahr

Die Gebirge sind stumme Meister und machen schweigsame Schüler.

17 Freitag

Nur dann reflektiert Gott auf ein Gebet, wenn all unsre Kräfte gespannt sind . . .

18 Samstag

Gedankenlosigkeit läßt uns den Wert des Augenblicks verkennen.

19 Sonntag

Jeden Tag hat man Ursache, die Erfahrung aufzuklären und den Geist zu reinigen.

20 Montag

Einen Regenbogen, der eine Viertelstunde steht, sieht man nicht mehr an.

21 Dienstag

Tut was ihr wollt: es ist ganz einerlei!

22 Mittwoch

Die Welt ist wie ein Strom, der in seinem Bette fortläuft, bald hier, bald da zufällig Sandbänke ansetzt und von diesen wieder zu einem andern Weg genötigt wird.

23 Donnerstag · Herbstanfang

Alle Blüten müssen vergehn, daß Früchte beglükken;
Blüten und Frucht zugleich gebet ihr Musen allein.

24 Freitag

Sie peitschen den Quark, ob nicht etwa Crème daraus werden wolle.

25 Samstag · Versöhnungstag

Die Menschen haben sich stets geängstigt und geplagt; sie haben sich untereinander gequält und gemartert; sie haben sich und anderen das bißchen Leben sauer gemacht, und die Schönheit der Welt und die Süßigkeit des Daseins weder zu achten noch zu genießen vermocht.

26 Sonntag

Gesellschaft bleibt eines wackern Mannes höchstes Bedürfnis. Alle brauchbaren Menschen sollten in Bezug zueinander stehen, wie sich der Bauherr nach dem Architekten und dieser nach Maurer und Zimmermann umsieht.

27 Montag

Freunde können und müssen Geheimnisse voreinander haben; sie sind einander doch kein Geheimnis.

28 Dienstag

Was soll man sich viel verstellen gegen die, mit denen man sein Leben zuzubringen hat!

29 Mittwoch

Verschwiegenheit fordern, ist nicht das Mittel sie zu erlangen.

30 Donnerstag · Laubhüttenfest

Wie selten kann man mit dem andern über einen Grundsatz theoretisch einig werden! Hingegen was anwendbar, was brauchbar sei, ist viel geschwinder entschieden.

Lili v. Türckheim im Kreis ihrer Familie. Kreidezeichnung von Chr. Guerin

Die schöne Empfindung, die mich begleitet, kann ich nicht sagen. So prosaisch, als ich nun mit diesen Menschen bin, sowohl mit Friederike als auch Lili und ihren Umgebungen, so ist doch in dem Gefühl von durchgehendem reinen Wohlwollen, und wie ich diesen Weg her gleichsam einen Rosenkranz der treusten, bewährtesten, unauslöschlichsten Freundschaft abgebetet habe, eine recht ätherische Wollust. Ungetrübt von einer beschränkten Leidenschaft treten nun in meine Seele die Verhältnisse zu den Menschen, die bleibend sind, meine entfernten Freunde und ihre Schicksale liegen vor mir wie ein Land, in dessen Gegenden man von einem hohen Berge oder im Vogelflug sieht.

Wir wissen fast nichts. Kein Brief der Liebenden, nur ein paar dürftige Nachrichten, meist nebulos und ohne rechte Folge, haben sich erhalten. Sie erhellen kaum, was Lili in diesen doch für sie wichtigen und schwierigen vier Jahren zwischen Goethes Frankfurter »Adieu« und seinem Auftauchen in Straßburg an Gutem und Bösem, an Liebeszusicherung und Liebesabschied widerfahren war.
Noch im Februar 1776, kurz nach Erscheinen des Bandes, hatte Goethe der jungen Freundin, wohl bedenkend, wie sehr ihr dieses «Schauspiel für Liebende» gehörte, «Stella», (intensiver Reflex der Entzückungen und schmerzlichen Ausweglosigkeiten ihres gemeinsamen Sommers) aus Weimar zugesandt. Lili, die, sei es aus Kummer, sei es aus Delikatesse, alle Liebesbezeugungen ihres Dichters vernichtete (ihr, wie Ernst Beutler meint, sicherlich in ebenso verführerischer Fülle zugeflattert wie wenig später Frau von Stein), hat diesen Band sorgsam bewahrt, auf dessem Titelblatt Goethe ihr die Zeilen schrieb:

Im holden Tal, auf schneebedeckten Höhen
War stets dein Bild mir nah;
Ich sah's um mich in lichten Wolken wehen,

Im Herzen war mir's da.
Empfinde hier, wie mit allmächtgem Triebe
Ein Herz das andre zieht,
Und daß vergebens Liebe
Vor Liebe flieht.

Neben diesen zärtlichen Zeilen, Erinnerung, Huldigung, vielleicht sogar Hoffnung auf neues Einssein, findet sich in denselben Tagen in einem Brief an «das Tantgen», die Vertraute der Frankfurter Tage, das Geständnis (das vielleicht auch zu Lili drang), Frau von Stein schiene ihm eine herrliche Seele, an die er, «so, was man sagen mögte, geheftet und genistelt sei ...»
Und am 10. April, wieder an das Tantgen, nach der zivilen Bitte um «ein schön Duzzend Holländische Schnupftücher recht gros, und ein Paar recht gute Manschetten», wutschnaubend, wohl Replik auf Johanna Fahlmers wahrscheinlich spöttischen Bericht, Lili, bedrängt von Mutter und Brüder, zeige sich einer Verbindung mit Bernard, dem reichen Besitzer eines großen Hüttenwerks im Elsaß, nicht abgeneigt, der zornig hervorgestoßene Wunsch: «Von Lili nichts mehr, sie ist abgethan» und dazu die Versicherung, daß er das Volk lang schon im tiefsten Grunde hasse. «Der Zug war noch der Schlußstein. Hol sie der Teufel». Aber dann doch einschränkend: «Das arme Geschöpf bedaur ich, daß sie unter so einer Race gebohren ist!»
Vier Tage später, am 14. April, legte er einem Brief an Frau von Stein das Gedicht «Warum gabst du uns die tiefen Blicke ...», diese vielschichtige Meditation seiner Charlotte-Liebe, bei. Er, der in den Lili-Tagen so

ängstlich jeder Bindung ausgewichen war, sah sich nun gebunden. Sehr fest gebunden, jedoch auf eine Weise, die seiner komplizierten Seelenlage entsprach, die Nähe und Ferne, Bindung und Freiheit, Leidenschaft und Beruhigung in einem forderte. Lili, die Vergangenheit versank. – «Gestern Nachts», schrieb Goethe am 9.7. an Frau von Stein, «lieg ich im Bette, schlafe schon halb, Philipp bringt mir einen Brief, dumpfsinnig les ich – dass Lili eine Braut ist!! kehre mich um und schlafe fort. – – Wie ich das Schicksal anbete, dass es so mit mir verfährt.»

Diese Verlobung, von Lilis Mutter und ihren Brüdern energisch betrieben und durchgesetzt, endete als Skandal. Den knappen und unklaren Andeutungen der Familienchronik ist zu entnehmen, daß man sich, heilfroh, Lili die glänzende Partie und der Schönemannschen Bank (die dessen dringend bedurfte!) einen finanzstarken Associé zu gewinnen glaubte, allzu rasch mit Bernard verband, der gewandt, weitgereist, aus guter Straßburger Familie in Frankfurt allgemein gefiel. – Auch Bernard scheint sich ohne Arg der jungen Lili anverlobt zu haben; entdeckte aber bei der Inspektion seiner elsässischen Besitzungen, daß das Hüttenwerk, Basis seiner Existenz, jedoch in seiner mehrjährigen Abwesenheit heruntergewirtschaftet, vor dem Ruin stand. Entsetzt und beschämt ließ er Braut und Firma im Stich und suchte das Weite. – Erst Jahre später drang die Nachricht durch, daß er «in düsterer Zurückgezogenheit auf Jamaika den Tod gefunden habe». – Von Lili kein persönliches Wort. Nur lakonisch die Mitteilung, daß sie schwer krank darnieder liege...

Kalender für eine Uhrkette

1 Freitag
Man kann nicht immer zusammenstehn,
Am wenigsten mit großen Haufen,
Seine Freunde, die läßt man gehn,
Die Menge läßt man laufen.

2 Samstag
Die Weisheit ist nur in der Wahrheit.

3 Sonntag · Erntedank

Das erste und letzte am Menschen ist Tätigkeit, und man kann nichts tun, ohne die Anlage dazu zu haben, ohne den Instinkt, der uns dazu treibt.

4 Montag

Es ist belebend, die Welt durch das Organ eines wahrhaft tätigen Mannes anzusehn.

5 Dienstag

Wer's mit der Welt nicht lustig nehmen will, der mag nur sein Bündel schnüren.

6 Mittwoch

Wenn man es genau besieht, so ist es ganz einerlei, an welchen Gegenständen man seine Tätigkeit übt, an welchen man seinen Scharfsinn versucht.

7 Donnerstag

Ich verehre den Menschen, der deutlich weiß was er will, unablässig vorschreitet, die Mittel zu seinem Zwecke kennt und sie zu ergreifen und zu brauchen weiß.

8 Freitag · Jüdische Gesetzesfreude

Niemand bedenkt leicht, daß uns Vernunft und ein tapferes Wollen gegeben sind, damit wir uns nicht allein vom Bösen, sondern auch vom Übermaß des Guten zurückhalten.

9 Samstag

Man fängt wieder an, ans Leben zu glauben, wenn man Menschen sieht, die tüchtig und redlich wirken, gegen so viele, die nur wie das Rohr vom Winde hin und her geweht werden.

10 Sonntag

So wie der Weihrauch einer Kohle Leben erfrischet, so erfrischet das Gebet die Hoffnungen des Herzens.

11 Montag

Die wahre Darstellung billigt nicht, sie tadelt nicht, sondern sie entwickelt die Gesinnungen und Handlungen in ihrer Folge und dadurch erleuchtet und belehrt sie.

12 Dienstag

Mann mit zugeknöpften Taschen,
Dir tut niemand was zulieb:
Hand wird nur von Hand gewaschen;
Wenn du nehmen willst, so gib!

13 Mittwoch

Es täte uns not, daß der Dämon uns täglich am Gängelband führte . . .

14 Donnerstag

Es ist nichts groß als das Wahre und das kleinste Wahre ist groß.

15 Freitag

Du sehnst dich, weit hinaus zu wandern,
Bereitest dich zu raschem Flug;
Dir selbst sei treu und treu den andern,
Dann ist die Enge weit genug.

16 Samstag

Wenn Männer die Frauen loben wollen, sie gehen vom Lob aus und hören mit Tadel auf.

17 Sonntag

Die Eigenliebe läßt uns sowohl unsre Tugenden als unsre Fehler viel bedeutender, als sie sind, erscheinen.

18 Montag

Ja, das ist das rechte Gleis,
Daß man nicht weiß,
Was man denkt,
Wenn man denkt;
Alles ist als wie geschenkt.

19 Dienstag

Freiheit ist die leise Parole heimlich Verschworner, das laute Feldgeschrei der öffentlich Umwälzenden, ja das Losungswort der Despotie selbst . . .

20 Mittwoch

Ein edler Mann wird durch ein gutes Wort
Der Frauen weit geführt.

21 Donnerstag

Mit welchen sonderbaren Eigenheiten sind wir doch geboren! welches unbestimmte Streben wirkt in uns!

22 Freitag

So ist der Mensch: Immer springt er in Gedanken vor- und rückwärts.

23 Samstag

Die Deutschen, und sie nicht allein, besitzen die Gabe, die Wissenschaften unzugänglich zu machen.

24 Sonntag

Nur männliche tüchtige Geister werden durch Erkennen eines Irrtums erhöht und gestärkt.

25 Montag · Laubhüttenende

Was sollte aus dem Dichter werden, wenn es nicht hohe, mächtige, kluge, tätige, schöne und geschickte Menschen gäbe, an deren Vorzügen er sich auferbauen kann?

26 Dienstag

Wer keinen Geist hat, glaubt nicht an Geister und somit auch nicht an das geistige Eigentum der Schriftsteller.

27 Mittwoch

Es gibt einen Eigensinn schlimmster Art, den der Phantasie oder vielmehr der Einbildungskraft.

28 Donnerstag

Taste aber nur einer das Eigentum an, und der Mensch mit seinen Leidenschaften wird sogleich da sein.

29 Freitag

Die Franzosen verleugnen ihren Charakter auch in ihrem Stil nicht. Sie sind geselliger Natur und vergessen als solche nie das Publikum.

30 Samstag

Die Pflanze gleicht den eigensinnigen Menschen, von denen man alles erhalten kann, wenn man sie nach ihrer Art behandelt.

31 Sonntag · Reformationsfest

Genau besehen haben wir uns noch alle Tage zu reformieren und gegen andere zu protestieren, wenn auch nicht in religiösem Sinne.

Silhouette, um 1775

«EIN MANN VON TREFFLICHEM HERZEN»

Aus der Familienchronik, *um 1780* – Bernhard Friedrich von Türckheim, geboren zu Straßburg den 3. November 1752 war der Sohn eines wohlhabenden und hoch angesehenen Banquiers, welcher mit streng bürgerlichen Gesinnungen der deutschen Sache von Herzen, aber besonders seiner Vaterstadt, die er stets als freie Reichsstadt betrachtete, mit schwärmerischer Liebe ergeben war. Anfang der siebziger Jahre hatte er einige Zeit in Frankfurt als Volontär in dem Bankhaus Schönemann und Heyder zugebracht und damals nicht allein Lilis Bekanntschaft gemacht, sondern auch eine zwar stille, aber umso tiefer wurzelnde Neigung für sie mit zurück in die elsässische Heimat genommen. Alle Bewerbungen um sie waren ihm nicht unbekannt geblieben, und er wußte sie männlich zu ertragen, da er ihnen keine Ansprüche entgegenstellen konnte und seine Stellung noch nicht der Art war, daß er als Mitbewerber hätte auftreten können. Aber ein in Frankfurt zurückgebliebener Freund hatte ihn fortwährend von allem, was die im stillen Geliebte betroffen, unterrichtet, und als die letzte stürmische Katastrophe mit dem Verschwinden des Hüttenwerk-Besitzers vorüber war, erwartete er ruhig sowohl die Wiedergenesung der Geliebten, als auch den Zeitpunkt, wo es ihm die mit der Übernahme der väterlichen Bank gewonnene Selbständigkeit gestatten würde, ihr mit seiner Hand zugleich auch eine anständige Existenz antragen zu können; dann erst kam er nach Frankfurt, um seine Bekantschaft mit Lili zu erneuern und seine Bemühungen um sie deutlicher hervortreten zu lassen.

Schönemannsches Wappen

Ein Mann von so trefflichem Herzen, das, ihr stets erkennbarer, eine lang für sie gehegte Liebe entfaltete, konnte nur den wohltuendsten Eindruck auf dies, kaum neues Vertrauen gewinnende Gemüt machen, das nur nach und nach wieder an dem festen und männlichen Charakter zu erstarken begann, den sie ein längerer Umgang mit dem jungen Manne stets deutlicher wahrnehmen ließ. Endlich waren alle zagenden Zweifel überwunden, und am 9. August 1778 leitete die Verlobung eine der glücklichsten Ehen ein, die jemals zwei so edle und einander so werte Herzen vereinigt hatte.

Türckheimsches Wappen

Familienerinnerungen – Kurz nach Verlobung und Hochzeit folgte Lili ihrem Gatten nach Straßburg und übernahm sofort an seiner Seite die Führung seines Hauses.

Von diesem Augenblick an erscheint sie uns, obgleich noch immer von lieblichem Glanz umgeben, mehr und mehr als die Frau, von der man sagen konnte: *sie ist die Tugendhafteste, weil nicht von ihr gesprochen wird.*

Wer Lili damals, mit den Sorgen des großen Hauses betraut, schaltend und waltend im Kreise der patriarchalisch gestimmten Familie Türckheim und umgeben von wenigen guten Freunden sah, erlebte eine Frau, deutlich von der dichterischen Figur in Goethes Dichtung und Wahrheit unterschieden.

Lili richtete ihr Hauswesen mit der größten Sorgfalt, aber auch Einfachheit ein. Jeden unnötigen Prunk vermeidend, zog sie eine solide auf wahrem Comfort beruhende Ausstattung allem Aufsehen erregenden Flitter vor. Ihr Haus wurde durch diese schöne taktvolle Einfachheit der passende Mittelpunkt für alle gediegenen Männer, die mit Türckheim in geistiger oder geschäftlicher Beziehung standen.

Um ihren gastlich heiteren Herd wußte sie nicht nur die elegante Welt, darunter Fürsten und Feldherrn beider Nationen, sondern auch mit Vorliebe die einheimischen Gelehrten, die Denker und Künstler jener Zeit zu vereinigen.

Redslob kam, der Freund und Erzieher ihrer Söhne, es kam Hafner, der geistreiche Prediger, Reiseissen, der menschenfreundliche Arzt, der Historiker Koch, der Bildhauer Ohnmacht und Guérin, der ausgezeichnete Maler, kamen. Sie erschienen meist abwechselnd, oft aber auch vereint in Lilis Abendzirkeln. Türckheim ruhte im freundschaftlichen Gespräch, an dem sich Lili lebhaft beteiligte, behaglich aus. Nie wurde gespielt, aber desto fleißiger musiziert, vorgelesen und gesprochen.

Wer lebt in unserem Kreise
Und lebt nicht selig drin?
Genießt die freie Weise
Und treuen Brudersinn!
So bleibt durch alle Zeiten
Herz Herzen zugekehrt;
Von keinen Kleinigkeiten
Wird unser Bund gestört.

Uns hat ein Gott gesegnet
Mit freiem Lebensblick,
Und alles, was begegnet,
Erneuert unser Glück.
Durch Grillen nicht gedränget
Verknickt sich keine Lust;
Durch Zieren nicht geenget
Schlägt freier unsre Brust.

«Bundeslied», am 10.9.1775
von Lili und Goethe
zu Pfarrer Ewalds Hochzeit
gesungen.

«ES WURDE MIR ALLES ENTSAGT»

Lili an Lavater, *Straßburg, d. 23. mertz 85* – Bey Ihnen, meinem Hertzen so nahen Freund, darf ich ohne Umschweif einen Rath begehren, den mir Ihre Liebe so oft anbot. Sie wissen, bester Freund, wie viel ich im Hause durch alte, gegen mich gefaßte Vorurtheile, zu leiden habe, wie anhaltend ich bewacht und getadelt werde, und wie der schönste Theil meines Lebens durch beständiges Stoßen und Drucken, dahin fließt.
Die Unglücke meiner Familie, das Fallissement unserer Bank in Frankfurt, verstärken die bereits eingeschläferte Aufmerksamkeit, und ich leide doppelt: durch das Unglück selbst und hier durch dessen Wirkungen. Ich entsagte aus eigenem Gefühl allen Erholungen und Zerstreuungen, weil mir jeder Genuß, im Augenblick der schweren Leiden meiner fünf Brüder, Qual und Vorwurf gewesen wäre. Aber nicht allein ich entsagte allem, es wurde mir alles entsagt. Ich wurde nun schon aufmerksamer und schärfer beurteilt, und die Stelle der Ersten Magd im Haus blieb in meines Schwiegervaters Augen die, welche ich mich am eifrigsten bemühen sollte, zu versehen.
Ich kannte das Glück in freundschaftlichen Verbindungen zu leben, jetzt aber wird mir jeder Umgang erschwert, jede Zerstreuung getadelt, und doch fühle ich, daß mir die zu große Einförmigkeit schädlich, daß sie meine, von Natur zum Leiden gestimmte Seele in einer gewissen Untätigkeit hält, über die ich einst meinen Kindern vor Gott Rechenschaft geben muß. Aber wie kann, wie darf ich das ändern? Im Hause meiner Schwiegereltern, durch sie beurteilt, wie darf ich wagen, Stoff zu neuen Entzweyungen zu geben!

Bernhard Friedrich und Lili von Türckheim
Miniatur von Elise v. Türckheim (Lilis Tochter),
um 1798

O! ich möchte gerne ruhig und zufrieden, ohne Gepäck und Gepräng den Weg gehen, den mich die Vorsehung gehen heißt, aber oft gehet es mir wie dem unzufriedenen Wanderer, der über die Unbequemlichkeit des Weges klagt. Ach! lassen Sie mich, edler Freund, das Geständnis ablegen: ich unterliege oft der geringsten Last. – Noch ein Wort muß ich hinzu setzen, denn kränkend würde mir der Gedanke sein, meinen Mann als Mitursache meiner Leiden anzugeben. Er selbst leidet durch den Druck meiner Seele.

Nur darin sind wir verschiedener Meinung: er wünscht, daß ich durch Nicht-Notiz-Nehmen mich von allen Zumutungen frei mache, was mir aber Elteren gegenüber zu schwer wird . . .

Ein erster Lili-Brief, der sich erhalten hat. Ihm gesellen sich, vom Zufall gewählt und durch Zufall bewahrt, Briefe, 141 an der Zahl, zwischen 1785 und 1816 geschrieben, deren Adressat, abgesehen von wenigen Freundesbriefen (darunter acht für Lavater und zwei an Goethe), der engste Familienkreis ist. – Es sind Briefe, die, unbefangen Erlebtes zitierend, oft mit einem Streiflicht überraschend Mensch und Situation erhellen und dann und wann auch dekouvrieren. – So hier, den harten Sittenkodex des Schwiegervaters, eines erfolgreichen Bankiers (1782 geadelt, Ratsherr, Ältester im protestantischen Kirchenrat), der fern jeder Libertinage Lilis aufgelöste Verlobungen tadelnd registriert und sie, ihr auch noch den fatalen Bankrott der Schönemannschen Handlung zur Last legend, in stichelnder Schikane auf die Armsünderbank in seinem untadeligen Hauswesen verweist. – Aber während Lili nüchtern und uneitel berichtet, was um sie geschieht und sie von Tag zu Tag fordert, gewinnt sie, gewinnt ihr Wesen, ohne daß sie im Schreiben darauf abzielte, an Farbe, Umriß und Gestalt. Sie erörtert sachlich Sorgen und Probleme, erbittet Hilfe in Not und Gefahr, vermerkt dankbar jeden Beistand, und von Brief zu Brief wird immer deutlicher, wer diese Frau war, die Goethes Adoration so nachhaltig ins Gerede brachte.

Lilis Kinder

«Ich tadele mich oft über meine zu große Anhänglichkeit an diese liebe kleine Schar, denn ich muß aufrichtig gestehen, ich habe für nichts Sinn, außer dem Glück, für sie, diese meine Kinder, zu leben und mich für sie und mit ihnen zu beschäftigen. Sie sind der Inbegriff meiner Gedanken und meiner Beschäftigungen, und jeder Weg, der mich von diesem Zweck zu entfernen scheint, ist mir beschwerlich, wie andererseits mir alles, was mich diesem Zweck nähert, am wichtigsten ist!»

Lili an Lavater, 26. 6. 1785

1 Montag · Allerheiligen

Übrigens, setzte Goethe sehr ernst hinzu, imponiert mir ein Sarg nicht, das könnt ihr doch wohl denken. Kein tüchtiger Mensch läßt seiner Brust den Glauben an Unsterblichkeit rauben.

2 Dienstag · Allerseelen

Denn der Liebe sind die Zeiten alle gleich.

3 Mittwoch

Es ist nicht immer nötig, daß das Wahre sich verkörpere; schon genug, wenn es geistig umherschwebt und Übereinstimmung bewirkt, wenn es wie Glockenton ernst-freundlich durch die Lüfte wogt.

4 Donnerstag

Denn wo der Mensch verzweifelt, lebt kein Gott,
Und ohne Gott will ich nicht länger leben.

5 Freitag

Jede Tugend übt Gewalt aus, wie auch jede Idee, die in die Welt tritt, anfangs tyrannisch wirkt.

6 Samstag

Die eine Schale sinkt, die andre steigt,
Das Unglück mindert sich, das Glück wird größer,
So auf den Schultern trägt man beide leicht!
Da leere das Geschick die beiden Fässer,
Der Segen trifft, wenn Fluch uns nie erreicht;
Wir sind für stets dem guten Geist zu Teile;
Der böse selbst, er wirkt zu unserm Heile.

7 Sonntag

Seh ich an andern große Eigenschaften,
Und wollen die an mir auch haften
So werd ich sie in Liebe pflegen;
Gehts nicht, so tu ich was anders dagegen.

8 Montag

Einsamkeit ist höchstes Gut.

9 Dienstag

Der Dilettant scheut allemal das Gründliche.

10 Mittwoch

Ein edler Mensch zieht edle Menschen an
Und weiß sie festzuhalten.

11 Donnerstag

Wenn die Anmut einer herrlichen Gegend uns lindernd umgibt, wenn die Milde gefühlvoller Freunde auf uns einwirkt, so kommt etwas Eigenes über Geist und Sinn, das uns Vergangenes, Abwesendes traumartig zurückruft und das Gegenwärtige geistermäßig entfernt.

12 Freitag

Wers nicht besser machen kann, machts wenigstens anders.

13 Samstag

Die Tätige, zum Erwerben, zum Erhalten Geschaffene, ist Herr im Hause; die schöne, leicht und oberflächlich Gebildete, Herr in großen Zirkeln; die tiefer Gebildete beherrscht die kleinen Kreise.

14 Sonntag

Das Leben eines Menschen ist sein Charakter.

15 Montag

Das Christentum ist so tief in der menschlichen Natur und ihrer Bedürftigkeit begründet, daß auch in dieser Beziehung mit Recht zu sagen ist: Des Herrn Wort bleibet ewiglich.

16 Dienstag

Nur ein Fremdling, sagt man mit Recht, ist der Mensch hier auf Erden.

17 Mittwoch · Bußtag

Eine richtige Antwort ist wie ein lieblicher Kuß.

18 Donnerstag

Nicht ist alles Gold, was gleißt,
Glück nicht alles, was so heißt,
Nicht alles Freude, was so scheint;
Damit hab ich gar manches gemeint.

19 Freitag

Nun verdrießt mich nichts mehr, als wenn die Menschen einander plagen, am meisten, wenn junge Leute in der Blüte des Lebens, da sie am offensten für alle Freuden sein könnten, einander die paar guten Tage mit Fratzen verderben.

20 Samstag

Wenn Fremde sich in unsre Lage fühlen,
Sind sie wohl näher als die Nächsten, die
Oft unsern Gram als wohlbekanntes Übel
Mit lässiger Gewohnheit übersehn.

21 Totensonntag

Stille ruhn oben die Sterne und unten die Gräber.

22 Montag

Man sagt: «Er stirbt bald», wenn einer etwas gegen seine Art und Weise tut.

23 Dienstag

Man denke sich das Große der Alten, daß es Quelle und Richtschnur alles Lebens und Tuns vor Augen stellt, nicht zu leerer Spekulation, sondern zu Leben und Tat auffordert.

24 Mittwoch

Reue soll man doch einmal
In der Welt empfinden!
So bekennt, vertraut und fromm,
Eure größten Sünden!

25 Donnerstag

Am Ende treiben sies nach ihrer Weise fort, als wenn sie nicht erzogen wären!

26 Freitag

Der Irrtum verhält sich gegen das Wahre wie der Schlaf gegen das Wachen. Ich habe bemerkt, daß man aus dem Irren sich wie erquickt wieder zu dem Wahren hinwende.

27 Samstag

Die Schere der Parze hingegen bestimmt die Länge, dem sich denn das übrige alles zusammen unterwerfen muß.

28 Erster Advent

Wo ich aufhören muß, sittlich zu sein, habe ich keine Gewalt mehr.

29 Montag

Wer eine Fortdauer des Menschen glaubt, der sei glücklich im stillen, aber er hat nicht Ursache, sich darauf etwas einzubilden.

30 Dienstag

Verweile nicht und sei dir selbst ein Traum,
Und wie du reisest, danke jedem Raum,
Bequeme dich dem Heißen wie dem Kalten;
Dir wird die Welt, du wirst ihr nie veralten.

Lili an den Bruder, *Straßburg, 29.7.92* – Mein Mann ist sehr in Anspruch genommen, aber ich halte das für ein großes Glück; es hält ihn davon ab, an die Unannehmlichkeiten, die er in dem Revolutions-Komitee auf sich nehmen muß, zu denken. Aus dem Gedanken, neben den Bankgeschäften seine Bürger-Pflichten zu erfüllen, schöpft er Trost und ist fest entschlossen, mutig alles zu ertragen. Und ich bin entschlossen, sein Los zu teilen, wie unglücklich es auch sein und werden mag. –
Familienchronik *Herbst 1792* – Türckheim führt seine Amtsgeschäfte fort. – Wird als Posten abkommandiert. Im *Dezember 92* zum Maire gewählt; im *Januar 93* abgesetzt. – *Sommer 93* Auf dem Familiengut Postorf in Lothringen. – Verbannt. Gefangen gesetzt. Frei gelassen. – Lili, *Postorf, July. 93* – Grund meines Schweigens: wir waren jeden Tag 16 Mäuler, und ich habe nur 5 dienstbare Geister, die zugleich die Arbeit in meinem Garten versehen, meine Kuh besorgen, die Wäsche zu erledigen haben ...
(Ein Mitglied der Ostdorfer Municipalität schiebt Türckheim den Haftbefehl zu, der den Tod auf der Guillotine bedeutet; Türckheim entweicht als Holzfäller verkleidet in Richtung Deutschland).
Türckheim an den Schwager, *8.7.94* – Nach 20 Stunden ununterbrochenen Fußmarsch bin ich mit Gottes Beystand bey Königl. Preußischen Vorposten! Ich hoffe und wünsche sehnlich, Dir in weniger als acht Tagen die Ankunft deiner Schwester mit meinen fünf Kindern melden zu können. Sonntag den 6ten abends, da ich sie verließ, waren alle gesund und wohl ...

Lili an den Bruder, *10.7.94* – ich eile Dir meine und der Meinigen glückliche Ankunft in meinem Vatterlande zu melden. Was ich dabey empfinde, fürchte, wünsche, läßt sich nicht beschreiben! Bey dem einzigen nur will ich stehen bleiben, daß ich nach einer 15stündigen Pilgrimschaft, meinen Heinrich auf dem Rükken, Guillaume an der Hand, und die anderen bey mir, glücklich durch alle französischen Vorposten durch und wirklich in Kayserslautern bin. Eins nur fehlt meiner ganzen Zufriedenheit, die Vereinigung mit Türckheim...

Karl v. Türckheim, *Heidelberg, 14. July* – Lieber Oncel! Endlich sind wir in das Land der Freyheit gekommen. Den vorigen Dinstag um 6 Uhr Abends sind wir weg, die ganze Nacht gegangen und den andern Morgen um 9 Uhr in Saarbrücken angekommen...

Wilhelm v. Türckheim, *14.7.* – Lieber Onkel. Denken Sie nur, auch ich und die Mama sind glücklich zu Heidelberg angekommen, und dort war der Papa – und ich gieng von Postorf aus so tapfer, daß mir die Mama ein Paar Stiefel versprach, die sie mir nächstens wird machen lassen...

Fritz v. Türckheim, *14.7.* – Die liebe Mama läßt sich wegen ihres Nichtschreibens entschuldigen, aber da wir nichts von unsren Sachen haben retten können, so ist sie so mit Hemderschneiden und Nähen beschäftigt, daß sie nicht abkommen kann!

Türckheim an den Bruder, *13.7.* – Zum Ausruhen bleiben wir einige Tage in Heydelberg; allda wir uns entschließen werden, unsere Laufbahn weiter fortzusetzen. Wenn ich Dich, Deine Frau und Schwager Fritz in Frankfurt umarmt habe, trete ich weitentfernte Reisen an, um meinen Kindern ein neues Vaterland zu suchen: auf das alte ist der Verzicht geleistet...

Lili an Redslob, *Frankfurt, 29.7.* – Ohne daß es auch dem klügsten Scharfsehenden möglich wäre, Pläne für die Zukunft zu entwerfen, bleiben wir ruhig bey dem einzigen Gedanken stehen, an einem stillern Ort der Erziehung der Kinder zu obwalten. Unsere heißen Wünsche hoffen, einen Freund zu finden, der dieses *Wichtige* Geschäft mit uns theilte. Soll ich frey den Wunsch meines Herzens äußern, so sage ich ohne Umschweife, daß wir uns glücklich schätzen würden, wenn Sie, Edler, uns schon izt so lieber junger Mann, sich als Freund und Erzieher mit uns vereinigten, und an jedem Glück und Unglück, das uns begegnen könnte, theil nähmen. In Hinsicht auf Ihre Studien als auch in Rücksicht auf die Ausbildung der Kinder haben wir Erlangen gewählt...

So beruhigend mir eine bejahende Antwort wäre, so halte ich's demohngeachtet für meine Pflicht, meinem Wunsch die dringende Bitte beyzufügen, sich nicht durch Freundschaft täuschen, und sich nicht gegen Ihre innere Überzeugung aus Aufopferung hinreißen zu lassen. Sie, bey uns unglücklich zu sehen, wäre der Freundschaft ein peinliches Gefühl, wie freywillige, glückbringende Vereinigung ein Quell des Genusses wäre. Überlegen prüfen Sie alles ruhig, und Ihre Vernunft entscheide das Beste, ohne Rücksicht auf uns...

Lili, *Erlangen, Ende August 1794* – Wir sind hier in einem schönen, gesunden, durch gute Menschen bewohnten Städtchen, und versprechen uns ein ziemlich angenehmes, *instruktives* und *oeconomisches* Leben. Bey meinen Knaben hat der Unterricht bereits angefangen, bey Lili wird er vorbereitet, und Türckheim schickt sich auch an, collegia zu hören. – Nur ich bin dazu verurteilt, mich lediglich mit dem Physischen oder der Wirtschaft zu beschäftigen, und nur die Überzeugung, daß ich meine Pflicht tue, hält mich aufrecht. – Leider fand ich nicht, wie uns versprochen, eine ausgerüstete, sondern eine kahle Haushaltung vor... Darum, da Erlangen und Nürnberg überaus teuer sind, immer wieder die Bitte um Besorgungen auf der Frankfurter Messe: Leinwand für Kinderhemden; *billiges* Kochgeschirr; Bettbezüge aus «ganz einfachem Kattun». – Dank für die gut konservierten Früchte; Bitte um Schaum- und Anrichtelöffel, um ein Fäßchen eingemachte Bohnen, Salat, Cichorien und einen Topf Sauerampfer. Das Sauerkraut war sehr gut! – *Am 15. September* Ich habe heute angefangen, zu Hause zu kochen; ich glaube, daß meine Küchenhilfe, die zugleich Kammerfrau, Zweitmädchen und Hausmagd ist, eine sehr gute, wenn auch noch etwas unerfahrene Person ist. Arbeit ist an der Tagesordnung, Mut ist erforderlich, und Geduld muß den Ereignissen standhalten. – *Am 30. Dezember* Ich schrieb nicht, weil mein Kleiner mich mehr als gewöhnlich brauchte. Die Blattern sind langsam bei ihm ausgebrochen. Es ist eine schreckliche Krankheit, selbst wenn sie milde auftritt. Acht Kinder sind schon

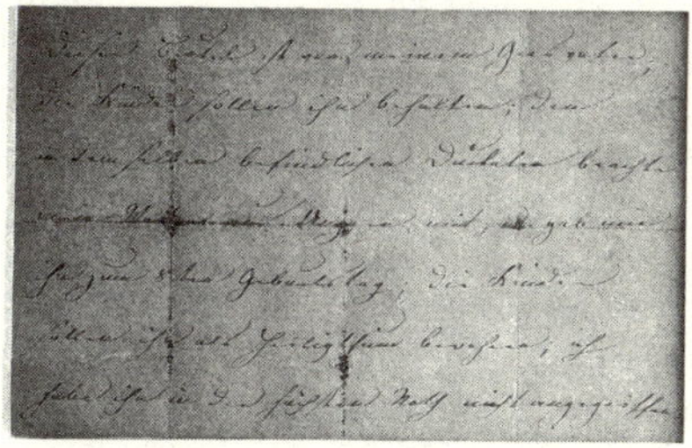

Ein Dokument von Lilis Hand: »Dieser Beutel ist von meinem Großvater; die Kinder sollen ihn behalten; den in demselben befindlichen Dukaten brachte mein Vater aus Ungarn mit und gab mir ihn zum 8ten Geburtstag; die Kinder sollen ihn als Heiligthum bewahren; ich habe ihn in der höchsten Not nicht angegriffen.«

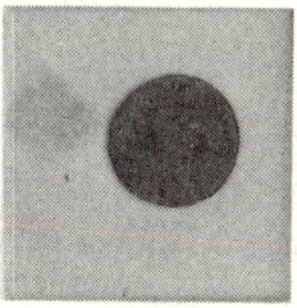

gestorben. – *Im Juli 95* Wundre Dich nicht, daß ich in unsern jetzigen Umständen 180 fl. im Monat ausgebe. Ich bestreite damit gewiß keine Phantasien und schäme mich keiner Arbeit, deren ich in meiner Haushaltung und bei nur *einer* Magd von aller Art habe. Außer meinen fünf Kindern, dem Erzieher und einem verwaisten Elsässer habe ich noch für zwei Neveus zu sorgen. Ich muß schließen, eben schlägt es Mitternacht, und meine Finger versagen der Feder ihren weiteren Dienst.

Am 10. April 1795 – Nach dem Inhalt Deines letzten Briefes zu schließen, lieber Bruder, und der Art, wie Du es Dir angelegen sein läßt, mich von dem Wunsche nach Straßburg zurückzukehren zu heilen, so hast du die Wünsche meines Herzens falsch beurteilt. Zwar fühle ich für diese gute Stadt die lauterste Anhänglichkeit, und der Gedanke, eines Tages dorthin zurückzukehren, ist heilender Balsam für meine Seele. Aber ich versichere dir, daß ich den Augenblick der Rückkehr fürchten würde, wenn er jetzt sein sollte. Der Gedanke, meinen Mann gefährdet zu sehen und zu seiner Gefährdung durch den allzu ausdrücklichen Wunsch nach Rückkehr beigetragen zu haben, würde eine unversiegbare Quelle des Kummers sein! – Ich hüte mich allzu offensichtliche Wünsche zu hegen, da die Ereignisse unberechenbar sind. Aber meine Lage wird deswegen nicht weniger mißlich ... Ich kenne und schätze das Glück, ruhig und vor Mangel geschützt zu leben, aber ich verhehle mir nicht, daß, wenn ich mir erlaube Umschau zu halten und mich zu fragen, was wird aus uns werden, ich wenig befriedigende Antworten für mein Herz finde ...

1 Mittwoch

Wohl unglückselig ist der Mann,
Der unterläßt das, was er kann,
Und unternimmt, was er nicht versteht;
Kein Wunder, daß er zugrunde geht.

2 Donnerstag

Wir würden gar vieles besser kennen, wenn wir es nicht zu genau erkennen wollten. Wird uns doch ein Gegenstand unter einem Winkel von fünfundvierzig Graden erst faßlich.

3 Freitag

Das Wahre fördert; aus dem Irrtum entwickelt sich nichts, er verwickelt uns nur.

4 Samstag

Man weiß eigentlich das, was man weiß, nur für sich selbst. Spreche ich mit einem andern von dem, was ich zu wissen glaube, unmittelbar glaubt ers besser zu wissen, und ich muß mit meinem Wissen immer wieder in mich selbst zurückkehren.

5 Zweiter Advent

Gott hat den Menschen gemacht
Nach seinem Bilde;
Dann kam er selbst herab,
Mensch, lieb und milde.

6 Montag · Sankt Nikolaus

Wer bloß mit dem Vergangenen sich beschäftigt, kommt zuletzt in Gefahr, das Entschlafene, Mumienhafte, vertrocknet an sein Herz zu schließen.

7 Dienstag

Man kann die angebornen Eigenheiten nicht leicht durch Kunst und Erziehung austreiben.

8 Mittwoch

Die Erfahrung lehrt uns, daß die einzelnen Farben besondre Gemütsstimmungen geben.

9 Donnerstag

Ein Kind, ein junger Mensch, die auf ihrem eigenen Wege irre gehen, sind mir lieber als manche, die auf fremdem Wege recht wandeln.

10 Freitag

Toleranz sollte eigentlich nur eine vorübergehende Gesinnung sein: sie muß zur Anerkennung führen.

11 Samstag

Die wahren Weisen fragen, wie sich die Sache verhalte in sich selbst und zu andern Dingen, unbekümmert um den Nutzen.

12 Dritter Advent

Wir lernen die Menschen nicht kennen, wenn sie zu uns kommen; wir müssen zu ihnen gehen, um zu erfahren wie es mit ihnen steht.

13 Montag

Oft, wenn dir jeder Trost entflieht,
Mußt du im stillen dich bequemen.
Ums Unrecht, das dir widerfährt,
Kein Mensch den Blick zur Seite kehrt.

14 Dienstag

Man soll sich nicht isolieren, denn man kann nicht isoliert bleiben.

15 Mittwoch

Man könnte zum Scherze sagen, der Mensch sei ganz aus Fehlern zusammengesetzt, wovon einige der Gesellschaft nützlich, andre schädlich, einige brauchbar, einige unbrauchbar gefunden werden. Von jenen spricht man Gutes: nennt sie Tugenden; von diesen Böses: nennt sie Fehler.

16 Donnerstag

Aus Verbindungen, die nicht bis ins Innerste der Existenz gehn, kann nichts Kluges werden.

17 Freitag

Man kann nicht für jedermann leben, besonders für die nicht, mit denen man nicht leben möchte.

18 Samstag

Der Mensch erkennt sich nur im Menschen, nur das Leben lehret jedem, was er sei.

19 Vierter Advent

Denn sobald man die reine Lehre und Liebe Christi, wie sie ist, wird begriffen und in sich eingelebt haben, so wird man sich als Mensch groß und frei fühlen.

20 Montag

Er lebt den Traum des Lebens als ein Wachender, und das Seltenste, was geschieht, ist ihm zugleich Vergangenheit und Zukunft. Und so ist der Dichter zugleich Lehrer, Wahrsager, Freund der Götter und der Menschen.

21 Dienstag

Denke nur niemand, daß man auf ihn als den Heiland gewartet habe.

22 Mittwoch · Winteranfang

Und gewiß! wer sein Lebenlang von hohen ernsten Eichen umgeben wäre, müßte ein anderer Mensch werden, als wer täglich unter luftigen Birken sich erginge.

23 Donnerstag

Man verliert nicht immer, wenn man entbehrt.

24 Freitag · Heiligabend

Das Leben dieses göttlichen Mannes steht mit der Weltgeschichte seiner Zeit in keiner Verbindung. Es war ein Privatleben, seine Lehre eine Lehre für die Einzelnen.

25 Weihnachten

Nur in der Schule selbst ist die eigentliche Vorschule.

26 Stephanstag

*Jeder ist doch auch ein Mensch! –
Wenn er sich gewahret,
Sieht er, daß Natur an ihm
Wahrlich nicht gesparet,
Daß er manche Lust und Pein
Trägt als Er und eigen.
Sollt er nicht auch hinterdrein
Wohlgemut sich zeigen?*

27 Montag

Die Menschen kennen einander nicht leicht, selbst mit dem besten Willen und Vorsatz; nun tritt noch der böse Wille hinzu, der alles entstellt.

28 Dienstag

Mit den Jahren steigern sich die Prüfungen.

29 Mittwoch

Begreiflich ist jedes Besondere, das sich auf irgend eine Weise anwenden läßt. Auf diese Weise kann das Unbegreifliche nützlich werden.

30 Donnerstag

*Und einzig veredelt die Form den Gehalt,
Verleiht ihm, verleiht sich die höchste Gewalt.*

31 Freitag · Silvester

*Dein Los ist gefallen, verfolge die Weise,
Der Weg ist begonnen, vollende die Reise:
Denn Sorgen und Kummer verändern es nicht,
Sie schleudern dich ewig aus gleichem Gewicht.*

Lili an den Bruder, *Erlangen, 16.8.1795* – Ich erhalte eben Briefe von meinem Mann [seit Juli, trotz erheblicher politischer und wirtschaftlicher Schwierigkeiten, wieder in Straßburg], der mich aufs schleunigste zurückruft, weil ein Dekret angeschlagen ist, daß bis zum 25. September alle wieder in Straßburg zurück sein müssen, die unter dem Robespierre ausgewandert sind ...

An Lavater, *d. 17.12.97* – Erst seit einigen Tagen genießen wir wieder das Glück, im Besitz unseres Hauses zu sein. – Mein guter, edler Mann arbeitet mit rastlosem Eifer, in seinem 45. Jahr ein neues Etablissement zu bilden. – **An den Bruder,** *April 1797* Türckheim fängt an, seine Geschäfte mehr auszudehnen, aber dem ohngeachtet müssen wir strengste oeconomie beybehalten, um das Gleichgewicht der Ausgaben

Das Türckheimsche Haus in Straßburg · Brandgasse 1 · Seit 1738 im Besitz der Familie · 1870 bei der Belagerung zerstört

und Einnahmen zu berechnen, denn die Abgaben sind schröcklich, das Patent und die Stempelpapiere sehr kostspielig. – *Mai 1797* Unser Salon ist für mich das liebste Zimmer im Hause, geschmückt mit den Bildern der Familie. Ich habe das Glück, sie wiedergefunden zu haben, so sehr empfunden, daß es mich nicht viel gekostet hat, zu vergessen, daß alles, was wir an Möbeln hatten, unter der Leitung des Herrn W. vergeben, verkauft, gestohlen worden ist. – Kurz mein Lieber, es waren uns nur ein Tisch, zwei Stühle und zwei Betten geblieben. Denke, was es kostet, wenn man sich wieder ganz neu einrichten muß. Aber ich vergesse, daß ich die Vergangenheit vergessen *will* und bemerke manchmal, daß es schwieriger ist, als ich es mir vorstellte. – *29. November 1798* Wir leben immer noch in einer kritischen Zeit, die sehr hart für die ehrbaren Kaufleute ist. Ich versichere Dich, daß mir oft die Tränen kommen, wenn ich sehe, welch mühevolles Dasein Türckheim führt und wie sehr seine Gesundheit und schließlich auch seine Laune unter dieser beständigen und oft peinlichen Spannung leiden müssen...

Doch langsam gelingt der Wiederaufstieg; Schritt um Schritt gewinnt Türckheim die Position zurück, in der sich seine Familie (um 1470 aus dem Lothringischen nach Straßburg zugezogen und bald zu Wohlstand und Würden gekommen) durch die Jahrhunderte gehalten hatte. Wieder gehört er, gehören in erfolgreichen Karrieren die Söhne, gehört durch eine gute Heirat die einzige Tochter zum Patriziat der Stadt, gehören mit der Verbreiterung des Daseins zu den führenden Familien im Elsaß.

An ihre Söhne, *1.6.1801* – Ich will ohne Umschweife auf mein Thema kommen und Euch sagen, daß ich mich hier in Krautergersheim [einem kleinen Landgut, auf halbem Weg zwischen Straßburg und Schlettstadt in der Rheinebene gelegen, von Türckheim gekauft und Lili geschenkt] mit meinen Helferinnen als mein eigener Oberbauinspektor eingerichtet habe und nichts anderes mehr tue, als zeichnen, messen, befehlen, beaufsichtigen und, was die unmittelbare Folge davon ist, zu schelten. Wir haben schon soviel Arbeit geleistet, daß alle Welt erstaunt ist. – Ich muß Euch zunächst sagen, daß die Mäuse sich in allen Zimmern herumjagten, daß die Fußböden halb verfault waren, daß nirgends Fensterläden vorhanden waren, daß die Türen und Fenster vollständig unbrauchbare waren; das Dach war halb offen, kurz, das Ganze in einem Zustand völligen Verfalls und fast unbewohnbar. – Mit einem Schlag meines Zauberstabes habe ich in 14 Tagen zwei Fußböden ganz neu gemacht, und die besten Dielen haben dazu gedient, die andern auszubessern, es sind wieder Fensterläden im ganzen Haus, das Dach ist wieder gedeckt, der Taubenschlag ist wieder in Ordnung (es ist das schönste Stück im Hause). –

Ein Verschlag für die Garderobe mit Bordbrettern ist hergerichtet, zwei Zimmer mit eigener hoher Hand tapiciert, kurz, meine lieben Freunde, unsre *bescheidene*, aber hübsche Behausung ist nicht nur wohnlich, sondern sie ist schon von 12 Herrschaften bewohnt worden! –

Familienchronik, *um 1850* – Die Gegend hat außer

ihrer Üppigkeit, wie jedes flache Land, nichts besonders Anziehendes; das Dorf ist keins der hübschesten im Elsaß, allein das kleine Tusculum Lilis hatte doch einen eigenen wundersamen Reiz. – Durch hohe uralte Kastanienbäume kam man in einen großen geschlossenen Hof, an dessen Mauer sich eine alte Kapelle schmiegte. Gegenüber lag das Wohnhaus mit einem kleinen Turm als Treppenhaus. Stieg man die gewundenen Stufen hinauf, so gelangte man in den hübschen, mit alten Kupferstichen gezierten Flur, von da zu den Wohn- und Schlafzimmern und zur Linken zu einem freundlichen Gartensaal, wo Lili an kühlen Herbstabenden im Kamin ein fröhliches Feuer lodern ließ, um das sich die Familie gern versammelte. – Vom Gartensaal führte eine perronartige, steinerne, von rankenden Rosen umsponnene Treppe in den kleinen Park, dessen Anlagen, nach Lilis eigenem Entwurf ausgeführt, die lieblichste Oase in dieser Einöde bildeten. – Nichts Traulicheres, heimlich Freundlicheres läßt sich denken als dieser Landsitz zwischen dem ernst klösterlichen Hof und dem gebüsch- und blumenreichen Park mit seinen großen überall freien Ausblick gewährenden Rasenplätzen.

III. NOCHEINMAL GOETHE

AUFSTEIGENDE ERINNERUNGEN

Riemer, *18. 12. 1807* – Nach 8 Uhr weggefahren nach Weimar, Nebel im Tal, Sonne auf den Höhen. Prächtiger Morgen und Tag. Erzählte Goethe die Geschichte seiner Verliebung in Lili Schönemann und wußte sich sowohl als mich um einen Weg von drei Stunden anmutig zu täuschen. – Vier Tage zuvor hatte Goethe Lili, der «verehrten Freundin» gedankt (die ihm nach langem Schweigen mit einem Billett ihren Sohn, der Weimar besuchte, empfahl) und ihr versichert, daß es ihm unendliche Freude mache, nach so langer Zeit, einige Zeilen wieder von ihrer lieben Hand zu sehen, die er tausendmal küsse in Erinnerung jener Tage, die er unter die glücklichsten seines Lebens zähle. – Sulpis Boisserée, *3. 10. 1815* – Morgens um 6 Uhr mit Goethe von Heidelberg nach Karlsruhe, hell, kaltes Wetter. Im Laufe des Gesprächs kamen wir auf Frankfurter Verhältnisse. Alte Erinnerungen, wie oft er den Pfad durch die Gerbermühle gegangen nach Offenbach zur Schönemann. Liebesgeschichte. – Seine Lieder an Lili. Braut und Bräutigam. Wie sie allmählich entfernt worden durch einen Dritten. Unglücklich wie die Kinder, die ein Leid haben und es sich wechselseitig klagen – und nicht wissen warum. – Verlegenheit, wegen dieser Geliebten die Lebensbeschreibung (die bis Ende 1774 gediehen war) fortzusetzen – ich suche ihm diese Verlegenheit auszureden.
Eckermann, *10. 8. 1824* – Vor einigen Tagen kommunizierte Goethe mir die Anfänge einer Fortsetzung von Dichtung und Wahrheit, ein auf Quartblättern ge-

schriebenes Heft, kaum von der Stärke eines Fingers. Einiges ist ausgeführt, das meiste jedoch nur in Andeutungen enthalten. – Die Anlage des Ganzen hat sehr viel vom Roman. Zartes, anmutiges, leidenschaftliches Liebesverhältnis, heiter im Entstehen, idyllisch im Fortgange, tragisch am Ende durch ein stillschweigendes gegenseitiges Entsagen, schlingt sich durch vier Bücher hindurch und verbindet diese zu einem wohlgeordneten Ganzen. Der Zauber von Lilis Wesen, im Detail geschildert, ist geeignet jeden Leser zu fesseln, so wie er den Liebenden selbst dergestalt in Banden hielt, daß er sich nur durch wiederholte Flucht zu retten imstande war.

Die Gerbermühle · Aquarell von unbekannter Hand, um 1820

Soret, Notice sur Goethe, *5.3.1830* – In einem meiner Zwiegespräche mit Goethe gedachten wir mit Bedauern der Abreise einer jungen reizenden Dame, einer Enkelin Lili Schönemanns, die einige Monate die Zierde der Weimarischen Gesellschaft gewesen war. «Sehr schade», sagte Goethe, «daß ich sie nicht öfters gesehen habe, um etwas von den geliebten Zügen ihrer Großmutter in ihr wiederzufinden!» – Diese Bemerkung erlaubte mir, mich nach dem Fortgang seiner Lebenserinnerungen zu erkundigen. «Der vierte Band ist fertig», erklärte Goethe, «aber gewisse zarte Rücksichten hinderten mich, Rücksichten nicht gegen mich, aber gegen sie. Ich wäre stolz darauf gewesen, vor aller Welt zu bekennen, daß ich sie zärtlich geliebt habe, und sie hätte wohl ohne Erröten zugestanden, daß meine Neigung Erwiderung fand. Aber durfte ich das ohne ihre Zustimmung sagen? – Immer wollte ich sie darum bitten; jetzt, «fügte er mit einem Seufzer hinzu ist es nicht mehr nötig!» [Lili war am 6.5.1817 in Krautergarsheim gestorben]. – «Aber Ihre begeisterten Worte über Lilis Enkelin versetzten mich in jene Zeit zurück, die ich in ihrer Nähe verlebte. Sie war die erste, die ich tief und aufrichtig liebte, vielleicht war sie auch die letzte, denn alle Neigungen dieser Art, denen ich mich später hingab, gingen mit jener verglichen, nicht allzu tief. – Nie war ich dem Glück so nahe», fuhr er fort, «ja, ich liebte sie ebensosehr wie sie mich; auch stand kein unübersteigliches Hindernis unserer Verbindung im Wege, und doch konnte ich sie nicht heiraten. Diese Liebe hat etwas so Unfaßbares, so Eigenartiges, daß mein Stil unwillkürlich ein anderer wurde, als ich dieses Erlebnis niederschrieb. Wenn Sie es lesen, werden Sie darin etwas ganz anderes finden als die Vorstellungen von Liebe, wie sie in unsern Romanen gang und gäbe sind. Ach ja, mein lieber Freund, man muß lernen, sich mit dem Leben abzufinden, sonst ließe es sich nicht ertragen, und man bräche darunter zusammen.»

Dies wird die letzte Trän nicht sein,
Die glühend herzauf quillet,
Das mit unsäglich neuer Pein
Sich schmerzvermehrend stillet.

Oh! laß doch immer hier und dort
Mich ewig Liebe fühlen,
Und möcht der Schmerz auch also fort
Durch Nerv und Adern wühlen.

Könnt ich doch ausgefüllt einmal
Von dir, o Ew'ger, werden –
Ach, diese lange tiefe Qual,
Wie dauert sie auf Erden!

Sehnsucht, 1775

ZUM DIESJÄHRIGEN KALENDER

Wir wissen viel, und wir wissen fast nichts. «Sie war schön wie ein Engel», schrieb hingerissen im April 1775 der junge Dichter von der jungen Lili, und «sie war die erste, die ich tief und aufrichtig liebte», erklärte der Uralte im März 1830. Über fünfzig lange Jahre liegen zwischen diesen Bekenntnissen. Jahre, in denen Lili dem Dichter, in denen sie uns zu entschwinden scheint. – Am Anfang standen die Lieder: von betörender Süße und zugleich voller Zweifel, Frage und Schmerz. Ihnen gesellen sich, auch in dem Sommer 1775 geschrieben, eine Spiegelung, eine Verdoppelung aller Unruhe, die Briefe an «Gustgen», an das Stiftsfräulein im fernen Holstein. Spät, nach Jahrzehnten erst beschworen und formuliert, folgt die Geschichte dieser frühen Liebe im Ausgang von «Dichtung und Wahrheit». – Dazwischen ein kurzer Besuch in Straßburg, im Hause der Türckheims, mit «dem schönen Grasaffen» für Frau von Steins eifersüchtig-krittelnden Blick bewußt salopp skizziert, dann ein paar Grüße hin und her, denen aber zu entnehmen ist, daß Goethe dennoch von den «Leiden und Prüfungen», denen Lili ausgesetzt war, erfuhr und oft, wie er gestand, Ursache gehabt habe, an die «Standhaftigkeit und ausdauernde Großheit der verehrten Freundin zu denken». – Charakterzüge, bestätigt durch Lilis eigene Briefe, die ohne Aplomb, ohne Ostentation das Leben von Tag zu Tag beschreiben; die Pflichten aufzählen, denen sie zu genügen hatte, in deren Erfüllung sie sich, sachlich und warm, gescheit und sensibel, nüchtern und diskret, als die Frau erweist, die mit ihrem Dasein Goethes später Einsicht recht gibt, daß er in jenen Sommerwochen von 1775 seinem Glück so nahe war, wie nie wieder in seinem langen Leben.

QUELLENNACHWEIS

Die Quellen der Texte dieses Almanachs werden nach der Artemis-Gedenkausgabe mit Band und Seitenzahl zitiert. Alle im Artemis Verlag.

Seite 5: 6,613 · 12,709 **Seite 6:** 6,195 · 5,281 · 9,658 · 6,435 · 19,437 · 2,388 · 3,257 **Seite 7:** 3,405 · 1,519 · 23,757 · 9,549 · 2,179 · 9,567 · 1,636 **Seite 8:** 1,326 · 23,69 3,337 · 8,312 · 1,607 · 1,425 · 1,425 **Seite 9:** 1,646 · 11,164 · 2,320 · 18,146 · 5,158 11,426 · 11,456 **Seite 10:** 10,144 **Seite 17:** 19,576 · 1,669 · 9,617 · 18,411 · 20,682 23,373 **Seite 18:** 3,356 · 9,78 · 3,304 · 1,654 · 9,624 · 12,680 · 9,509 **Seite 19:** 7,437 21,902 · 23,654 · 1,420 · 19,705 · 1,607 · 3,441 **Seite 20:** 6,271 · 23,709 · 9,162 · 6,161 19,481 · 6,75 · 5,375 **Seite 21:** 3,336 **Seite 29:** 9,559 · 11,100 · 6,284 · 18,575 · 2,413 24,594 **Seite 30:** 7,591 · 1,530 · 11,592 · 7,615 · 3,334 · 23,686 · 3,369 **Seite 31:** 24,359 3,332 · 8,504 · 1,523 · 18,885 · 1,364 · 4,387 **Seite 32:** 4,447 · 1,435 · 23,481 · 4,781 2,378 · 23,692 · 3,138 **Seite 33:** 3,318 · 9,528 · 5,393 · 9,577 **Seite 41:** 3,337 · 1,539 3,331 **Seite 42:** 1,423 · 9,145 · 5,211 · 24,647 · 5,304 · 2,440 · 9,546 **Seite 43:** 4,826 6,873 · 10,585 · 11,77 · 6,226 · 9,174 · 1,439 **Seite 44:** 18,523 · 8,514 · 21,881 · 14,914 18,331 · 3,242 · 9,512 **Seite 45:** 3,327 · 1,531 · 1,653 · 23,876 · 8,494 · 7,417 **Seite 53:** 8,514 **Seite 54:** 1,233 · 22,499 · 24,679 · 4,761 · 9,593 · 2,390 · 6,776 **Seite 55:** 2,186 9,617 · 1,100 · 14,915 · 13,48 · 2,559 · 10,14 **Seite 56:** 3,324 · 9,501 · 7,417 · 1,572 1,656 · 3,334 · 3,320 · **Seite 57:** 24,502 · 8,607 · 3,338 · 9,176 · 12,455 · 1,605 · 8,356 **Seite 58:** 24,214 · 3,385 **Seite 65:** 3,660 · 23,45 · 2,204 · 11,454 · 3,613 **Seite 66:** 23,835 3,317 · 14,246 · 6,270 · 13,28 · 9,512 · 7,592 **Seite 67:** 3,305 · 9,534 · 5,377 2,54 · 9,534 · 1,529 · 1,529 **Seite 68:** 5,404 · 2,53 · 1,624 · 3,341 · 23,515 · 9,502 · 1,623 **Seite 69:** 9,553 · 7,436 · 7,584 · 3,335 **Seite 75:** 3,335 · 8,33 · 7,434 **Seite 76:** 3,623 8,73 · 22,499 · 6,302 · 9,249 · 23,91 · 9,616 **Seite 77:** 9,130 · 9,644 · 9,283 · 5,251 21,884 · 3,296 · 9,40 **Seite 78:** 7,593 · 8,77 · 19,373 · 19,416 · 19,39 · 13,335 · 19,384 **Seite 79:** 1,426 · 9,512 · 2,188 · 9,532 · 9,19 · 8,513 · 3,162 **Seite 85:** 5,200 · 21,151 1,432 · 9,605 · 20,390 · 22,568 · 9,605 **Seite 86:** 6,419 · 9,531 · 9,529 · 13,279 · 9,550 4,131 · 9,24 **Seite 87:** 8,505 · 2,169 · 9,569 · 9,566 · 7,614 · 1,655 · 9,536 **Seite 88:** 8,307 18,755 · 8,519 · 8,503 · 9,262 · 9,647 · 17,95 **Seite 89:** 7,453 · 19,612 · 7,16 **Seite 95:** 8,871 · 7,235 · 13,132 · 7,476 **Seite 96:** 3,387 · 9,512 · 1,605 · 23,840 · 3,412 · 2,168 9,23 **Seite 97:** 2,392 · 5,102 · 5,170 · 9,626 · 8,282 · 4,562 · 9,667 **Seite 98:** 9,646 · 9,514 9,24 · 22,457 · 1,260 · 9,506 · 22,400 **Seite 99:** 8,419 · 7,591 · 8,86 · 15,387 · 13,149 **Seite 104:** 1,430 · 9,507 **Seite 105:** 7,558 · 19,669 · 5,603 · 19,588 · 7,436 · 19,682 19,484 **Seite 106:** 9,589 · 10,644 · 1,461 · 24,672 · 19,83 · 1,645 · 9,423 **Seite 107:** 7,259 · 1,614 · 3,467 · 6,154 · 9,483 · 11,244 · 9,576 **Seite 108:** 8.234 · 3,444 · 23,260 23,366 · 24,538 · 24,109 · 9,203 **Seite 109:** 8,502 **Seite 118:** 23,665 · 6,458 · 9,557 6,472 · 22,437 · 6,445 **Seite 119:** 1,433 · 1,542 · 14,733 · 6,215 · 8,253 · 9,629 · 9,427 **Seite 120:** 11,453 · 22,654 · 3,241 · 9,615 · 1,707 · 4,410 · 6,373 **Seite 121:** 1,501 · 9,500 8,500 · 1,89 · 5,374 · 9,534 · 9,521 **Seite 122:** 8,503 · 24,93 · 1,440 **Seite 129:** 1,423 8,316 · 8,329 · 8,329 **Seite 130:** 1,614 · 14,801 · 21,413 · 16,207 · 7,559 · 9,614 · 9,592 **S. 131:** 9,174 · 1,436 · 19,68 · 9,611 · 18,940 · 9,519 · 6,249 **S. 132:** 24,772 · 7,88 9,617 · 24,333 · 7,463 · 8,176 · 9,533 **S. 133:** 1,459 · 9,507 · 8,503 · 9,573 · 6,430 · 3,335

Bildnachweis: Goethemuseum Düsseldorf (5, 21, 23, 24, 41, 53, 58, 104, 137), Nationale Forschungs- und Gedenkstätten der Klassischen Deutschen Literatur Weimar (64, 95, 109), Freies Deutsches Hochstift Frankfurt/Main (12, 35, 46, 73, 83, 100, 115), Fröschweiler Archiv des Grafen Dürckheim Ketelhodt (127), Kupferstichkabinett der Stadt Straßburg (134)

INHALT

I. DER SOMMER AM MAIN

II. DIE BARONIN TÜRCKHEIM

III. NOCHEINMAL GOETHE